啓蒙の海賊たち
あるいは実在したリバタリアの物語

啓蒙の海賊たち

あるいは実在したリバタリアの物語

デヴィッド・グレーバー

酒井隆史 訳

DAVID GRAEBER

PIRATE ENLIGHTENMENT, OR THE REAL LIBERTALIA

岩波書店

序文

当初、わたしはこの論考を、神聖王権 divine kingship をめぐるマーシャル・サーリンズとの共著の一章として書いた。一九八九年から一九九一年にかけてマダガスカルでフィールド調査をおこなったとき、わたしは、カリブの海賊の多くがマダガスカルに定住していたこと、そればかりか、独自のアイデンティティを自認する集団としてその子孫たちがいまだ存在していることを知った(サントマリー島にルーツをもつ女性と短いあいだ恋仲となったときにこの事実を教わった)。そしておどろくべきことに、これまでだれも、この人びとを対象とした体系的なフィールド調査をおこなっていなかったのだ。わたし自身、そのような調査をくわだてた時期もあったが、あれやこれやの事情で計画は頓挫し、実現することはなかった。それでも、まだ未練はあったのだった。ちょうどその頃、大英図書館を訪れ、[ニコラ・]メイユール手稿のコピーを入手した。一八世紀の写本の多くとおなじく、とても大きな紙をかろうじて読める程度の手書き文字が覆っているといった手稿である。このコピーは、わたしが育ったニューヨークのアパートの部屋の大きなはめ殺しの窓近くに積まれた本や書類の山のなかに長いこと鎮座していた。別のテーマの仕事にいそしんでいると、このコピーが、部屋のむこうからいささか非難がましくめくばせしてくる、そのように感じることもしばしばだった。そして二〇一四年に警察の策略で家を失ったとき、ロンドンにもってくるにはかさばりすぎる家族写真や書類といっしょに、全部スキャンして、最終的にはそれを書き起こしてもらうように手配した。[†1]

このテキストがこれまでなぜ公刊されなかったのか、わたしには、ずっと疑問だった。モーリシャスで執筆され、大英図書館に所蔵されている原本には、小さなメモが添えられていた。タイプ原稿を閲覧したいむきは、アンタナナリヴ Antananarivo［マダガスカルの首都］のマダガスカル・アカデミー Académie Malgache 所蔵、某ヴァレット氏に相談されたし。すると、このテキストのタイプ原稿はすでに存在しているわけで、となると、なおさら謎は深まる。あきらかにこのタイプ原稿の一部を参照し、かつ要約した論考が複数のフランスの著者によって公刊されているが、多数の脚注を付した学術的な大著であるオリジナルの原稿は、いまだ日の目をみていない。

そうこうしているうちに、海賊にかんする資料が集まってきて、それだけでおもしろい論考になりそうなことに気がついた。当初のタイトルは（王を論ずる本の一章にする予定だったので）「海賊の啓蒙――マダガスカルの偽王たち Pirate Enlightenment: The Mock Kings of Madagascar」であった。サブタイトルは、ダニエル・デフォーがヘンリー・エイヴリー Henry Avery を描いた短い本［のタイトル］にちなんでいる。[†2] しかし、書いているうちに、論考はどんどん膨らんでいった。やがてシングルスペース［行間をつめた原稿］で七〇ページにもなり、このままだと一章にしては長すぎるのではないか、また、主題が当初の詐欺王（そして、すべての王はある意味で詐欺師であって、そのちがいは程度の問題なのではないか、というより大きな問い）から離れすぎていて、本当にそこにふくめてもいいのか、と、こう真剣に考えるようになったのである。
ついにわたしは決断した。長い論文は嫌われ、短い本は好まれるものだ。この論考を「論集とは」独立した意味をもつ一冊の本にしてみてはどうだろう？
　こうして本書ができあがった。

）

リベルタリア「リバタリア」社という名の出版社からこの本を出版できるかもという見通しは、あまりにも魅力的で、抗することはできなかった。[†3] ユートピア的な海賊の実験としてのリバタリアの

†1　以下、仏語版訳注より。「オキュパイ・ウォールストリート運動での活動への処罰として、そして行政からの圧力によって、デヴィッド・グレーバーは二〇一四年、家族が半世紀にわたって借りていたニューヨークの家から追いだされた」

†2　デフォーのその著作のタイトルは『海賊王——マダガスカルの偽王エイヴリー船長の高名なる事業と放浪ならびに海賊行為の記録 *The King of Pirates: being an Account of the Famous Enterprises of Captain Avery, the Mock King of Madagascar with His Rambles and Piracies*』である。

†3　本訳書は英語版をベースにしているが、それと同程度、仏語版にも依拠している。Farrar, Straus and Giroux社から公刊された英語版(アメリカ版)のほうが後発(二〇二三年公刊)だが、本書のオリジナルは二〇一九年に公刊された仏語版である。そのさいの出版社が、Éditions Libertaliaであり、ここではそのことがいわれている。エディシオン・リベルタリアは、本書をはじめとした海賊関連の著作はもちろん、フェミニズムやアナキズムから運動史や思想史、現代社会論にいたるまで魅力的なラインナップの独立系出版社である。

神話は、依然としてリバタリアン左派のあいだでは汲めども尽きぬインスピレーションの源泉である。たとえ存在しなかったとしても、存在しえたはず、と考えられてきた。というより、たとえ文字通りの意味では存在しなかったとしても、あるいは、たとえ〔リバタリアという〕美しい名を冠した海賊コロニーが実在しなかったとしても、海賊と海賊コミュニティの存在そのものが一種のユートピア的実験だったのだ。そして、啓蒙主義として知られるようになったものの最深部には、一種の救済の約束、すなわち真のオルタナティヴの夢想が横たわっていた。たとえ今日、多数の革命家が啓蒙主義を、偽りの解放の約束であって、筆舌に尽くしがたい惨状を世界にもたらしたとみなしているとしても。

知的文脈に位置づけるとすれば、この小さな本は、わたしが「西洋なるものは存在しなかった There Never Was a West」という論考(フランスでは独立した小著として公刊された)[†4]ではじめて提示し、現在イギリスの考古学者デヴィッド・ウェングロウと共同で取り組んでいる、より大きな知的プロジェクトの一部といえる。流行の言葉でいえば「啓蒙主義の脱植民地化」のプロジェクトといってもよいかもしれない。たしかに一八世紀のヨーロッパ啓蒙主義の産物とされている思想の多くが、自国の労働者階級のみならず、ヨーロッパ以外の大陸に住む人びとに対する途方もない残虐な搾取、破壊を正当化するために使われたことに疑いの余地はない。しかし、啓蒙思想をひとまとめにして一蹴するのも、それ自体、かなり無理がある。というのも、啓蒙思想とは、大学などの公式の諸制度の外で、主に女性によって組織され、既存の権威構造すべての解体を明確な目標としていた、おそらく歴史的に知られた最初の知的運動だからである。さらに多くの原典を検討してみれば、啓蒙思想家たちは、みずからの思想の源泉を、いわゆる「西洋の伝統」の外部においていることを、しばしば包み隠さずうちあけている。別の本でもっと展開するつもりである一例をあげてみよう。[†5] 一六九〇年代、ちょうど海賊がマダガスカルに出現した頃のこと。当時のカナダ総督フロントナック伯爵のモントリオールの自宅で、啓蒙主義の原型ともいうべきサロンが開かれ、伯爵とその補佐であるラオンタンがカンディアロンクというヒューロン族の政治家と、キリスト教、経済、性風俗など社会的な重要問題について議論を交わしていた。カンディアロンクは、平等主義的で懐疑的な合理主義の立場をとり、ヨーロッパにおいてかような法と宗教からなる懲罰装置が必要であるのは、その経済システムに原因がある、と論じた。その経済システムこそ、それらの装置が抑え込もうとする行動をまさに必然的にうみだしてしまうのだ、と。のちにラオンタンが、この討議の一端を記録したメモを再編集して一七〇四年に書物として公刊すると、たちまちヨーロッパ中でベストセラーとなった。そして、啓蒙主義を構成する主要人物のほとんど全員が、模倣したり、もじったり、翻案したりの独自のヴァージョンを執筆するのである。ところが、にもかかわらずカンディアロン

†4　"There Never Was a West: Or, Democracy Emerges From the Spaces in Between". 現在では、Graeber, *Possibilities: Essays on Hierarchy, Rebellion, and Desire*, AK Press, 2007 所収。ここでもいわれている仏語版からの日本語訳(片岡大右訳『民主主義の非西洋起源について――「あいだ」の空間の民主主義』以文社、二〇二〇年)がある。ちなみに、このテキストはフランスで、二〇〇五年に *Revue du MAUSS* の n°. 26 に論文として掲載され、その後二〇一四年に Le Bord de l'eau から書籍化された。

†5　デヴィッド・ウェングロウとの共著である『万物の黎明――人類史を根本からくつがえす』(拙訳、光文社、二〇二三年)第二章のこと。

クのような人物は、歴史から抹消されたり軽視されたりして今日にいたる。もちろん、このような討議がおこなわれた事実を否定する者はいない。しかし、いつもつぎのような但し書きが付記される。ラオンタンのような人びとは、実際になにが起こったのかを書く段になると、カンディアロンクの実際の発言のすべてを無視し、ヨーロッパの知的伝統からひきだされた「高貴な未開人の幻想」に置き換えたのだ、と。いいかえれば、わたしたちは自己完結した「西洋文明 Western civilization」(この概念は二〇世紀初頭まで存在しなかった)なるものが存在するという観念を過去に投影し、(とことん倒錯した皮肉であるが)「西洋人」(基本的に「白人」の婉曲語法)の側の人種的傲慢を非難しながら、それを口実に、「白人」とみなされない人びとがすべて、歴史とりわけ知の歴史に影響を与えることなどなかったかのようにふるまうのである。まるで歴史学、とくにラディカルな歴史学が、ある種の道徳ゲームと化しているかのようだ。つまり、そこで真に重視されているのは、歴史上の「偉人」たちのレイシズム、セクシズム、排外主義(それらはたしかに存在する)などを、じぶんはどれほど見逃していないか、開陳してみせることなのだ。ルソーを攻撃する四〇〇頁の本とて、依然としてルソーについての四〇〇頁の本である。これに注意を払うべきだろう。

わたしは子どもの頃、スーフィーの作家イドリース・シャーのインタビューにとても感銘を受けたことをいまでもおぼえている。いわく、ヨーロッパやアメリカでは知的でまっとうなはずの多くの人びとが、嫌いな人間の名を叫び(「おいおいＬＢＪ[ジョンソン大統領]、今日は子どもを何人殺したんだ?」)、その写真をかざしながらさかんにデモ行進をやっている、これはとても奇妙にみえる、と。そうしたことが標的の政治家にとってどれほどありがたいことか気づいていないのだろうか？　わたしが抗議の政治を拒否し、直接行動の政治を奉じるようになったのは、このような発言によるものだったとおもう。

本書から透けてみえるだろう憤りのいくつかは、ここからきている。なぜわたしたちは、カンディアロンクのような人物を人間の自由を論じた重要な理論家としてみなさないのか？　かれがそのような理論家であったことは、あきらかなのに。トム・ツィミラフ Tom Tsimilaho のような人物を、なぜデモクラシーの先駆者の一人とみなさないのか？　なぜ、ヒューロンやベツィミサラカの社会で重要な役割をはたしながら、その名すらほとんど忘却されてしまった女性たちの貢献は、そのような男性についての逸話《ストーリー》からさえも排除されてきたのか？　まさに、サロンを組織した女性たちが、啓蒙主義の逸話そのものから、ほとんど排除されてきたように。

既存の歴史記述は、根深い偏見とヨーロッパ中心主義に浸食されている。たしかにそれはそうなのだが、本書のささやかな歴史記述の実験から少なくとも読者に感じ取ってもらいたいのは、そのうえそれが不必要なまでに退屈でつまらないということだ。なるほど、モラリズムにはひそかなよろこびがあるものだ。人間の行動をすべて利益計算に還元することにある種の数学的なよろこびがあるのとおなじように。しかし、これらはせんじつめれば、つまらない快楽だ。人類史に起こった本当のお話《ストーリー》のほうが、何千倍もおもしろいにきまってるのだから。

さあ、ここでくり広げられるのは、魔法、ほら話、海上のバトル、強奪された王女、奴隷の反乱、人間狩り、ハリボテの王国《メイクビリーヴ・キングダム》、大使を騙る詐欺師、スパイ、宝石泥棒、毒殺者、悪魔崇拝、色狂いなど、現代の自由の原点にあるあれこれのお話だ。読者がわたしとおなじようにたのしんでくれるように。

最初のギリシア人はみな海賊だった。
——モンテスキュー『法の精神』

本書が論じるのは、現実と想像の海賊王国 pirate kingdoms である。本書が探究する時代と場所では、海賊王国にまつわる現実と想像の二つの次元を区別するのがきわめて厄介だ。一七世紀の終わりから一八世紀の終わりにかけての約一〇〇年間、マダガスカル東海岸は、伝説的な海賊の王たち、海賊の凶行、そして海賊のユートピアからなる影絵芝居の舞台となり、その噂は北大西洋世界をかけめぐっては、カフェやパブの客にショックや刺激、そしてたのしみを与えていた。いまのわたしたちの知識では、これらのお話を解きほぐし、どの逸話《ナラティヴ》が真実でどれがそうでないかを腑分けする方法はまったく存在しない。

真実ではないのがあきらかなことはある。たとえば、一八世紀の最初の一〇年間くらい、ヨーロッパの人びとの多くが、ヘンリー・エイヴリーという船長と一万人の海賊の手下によってマダガスカルに大王国が建設され、世界有数の海軍大国のひとつとして確固たる地位を築こうとしていると信じていた。ところが、実際には、それはデマだった。そんな王国など存在しなかったのだ。一七二四年に出版されたキャプテン・ジョンソンなる人物による『海賊列伝［海賊通史］*A General Histo-*

ry of the Pyrates』†6の一章に登場する、おなじくマダガスカルを舞台にしたリバタリアという大いなるユートピアの実験をめぐる逸話も、歴史家たちによれば架空のお話である。奴隷制が廃絶され、あらゆるものが共有され、民主的に運営された平等主義的共和政体、それがジョンソンの描くリバタリアである。引退したフランス人海賊船長ミッソンが、聖職を剥奪されたイタリア人司祭の哲学的影響のもとに創設したというのだが、ところが、ミッソンという海賊の船長もそのような司祭

†6　日本語訳は、朝比奈一郎訳『海賊列伝――歴史を駆け抜けた海の冒険者たち』(上下)中公文庫、二〇一二年。以下『海賊列伝』と表記する。このキャプテン・ジョンソン(ジョンソン船長)なる人物の『海賊列伝』は、海賊(黄金期)について知りたければだれもがまず手に取るべき基本中の基本書である。本書巻末の「海賊と啓蒙の時系列《タイムライン》」でグレーバーは、一七二四年の出来事として同書の公刊をあげ、以下のように説明している。「キャプテン・チャールズ・ジョンソン(おそらくダニエル・デフォー)がロンドンで『海賊列伝』を出版。この時代の主要な海賊船長の詳細な経歴を記した最初の著作であり、リバタリアにかんする唯一の資料。これが、その後の数世紀における海賊のライフスタイルの大衆化と偶像化の基礎となる」。ただし、ここで言及されているのは初版のことである。公刊直後から大変な評判を呼び、同年に加筆を施して第二版が、翌年には第三版、さらにその翌年の一七二六年には内容をほぼ倍増させた四版が二巻本として公刊された。ミッソン船長とリバタリアの話は、そこで第二巻に追加された。なお、本文中にあげられたタイトル *A General History of the Pyrates* は略記である。より長いヴァージョンは、*A General History of the Robberies and Murders of the most notorious Pyrates*(もうあげないが、さらに長いヴァージョンもある)、つまり『最凶の札付き海賊が犯した強盗事件、殺人事件に関する概説史』である(このタイトルの訳は、ピーター・ランボーン・ウィルソン『海賊ユートピア――背教者と難民の一七世紀マグリブ海洋世界』(以文社、二〇一三年)とガブリエル・クーン『海賊旗を掲げて――黄金期海賊の歴史と遺産』(夜光社、二〇一三年)の破格の翻訳者である菰田真介によるものである)。なお、グレーバーは(どういうわけか)本書で一貫してジョンソン船長=デフォー説をとっている。この説はとりわけ近年批判されてはいるものの、いまだ決着がついておらず、本当の著者は謎のままである。

（カラチオーリという名前になっている）も、歴史家たちは実在を示す証拠を発見していない（『海賊列伝』で言及されているそれ以外の海賊は、ほとんどすべて資料から確認できるにもかかわらず）。同様に、考古学者もリバタリアの物理的実在を示唆する証拠をみつけることができないでいる。結局、この逸話全体がつくり話にすぎない、というのが一般的な見方である。架空のお話と知りつつも、こんなできのいい船乗りたちの言い伝えをくわえないのはもったいないと考えたとする説もある。ごく単純に、キャプテン・ジョンソン（その素性はともかく）がこの逸話をすべて捏造したとする見解もある。しかし、そんなことが重大だと考えている人間は、いずれにしても少数である。というのも、一般的に重視される問題はただひとつ、「リバタリアなる元海賊たちのユートピア的共同社会が、本当にマダガスカルの海岸にあったのか否か」なのだから。

ところが、わたしにとっては、リバタリアが実在しようがしまいが、たいした問題ではない。おそらく、ミッソンやカラチオーリもいなかったし、リバタリアなる名を冠した集落もなかったのだろう。だが、マダガスカルの海岸に海賊の集落が存在したのは確実だ。しかも、そこはラディカルな社会実験の場だった。海賊たちはそこで、あたらしいガバナンスや所有形態の実験をおこなっていた。それればかりか、海賊たちが婚姻関係をむすんだ周辺のマダガスカル社会の人びともおなじようにふるまったのだった。その多くが海賊の集落に住み、海賊の船に乗り、海賊と義兄弟の契りを交わし、海賊と長時間にわたる政治をめぐる会話をおこなったのである。ミッソン船長の逸話に危うい欺きがあるとしたら、マダガスカル人を脇役に追い払うかたちでそれが組み立てられている点だ。つまり、マダガスカル人は、あらわれるにしても、難破した異国の海賊に妻をあてがったり、ついには海賊たちを制圧し殺戮してしまう敵対的部族だったり、そのような役割に還元されてしまっているのだ。こんな記述のおかげで、歴史学者や人類学者が、こうした状況に直面するとついやってしまいがちな傾向に拍車がかかる。つまり、ヨーロッパ人として認識されている人びとの政治的行動とアフリカ人ないし非白人として認識されている人びとの政治的行動とを、まったく別の研究領域として扱う傾向、あるいは、相互の影響関係から閉ざされた別世界として扱う傾向である。

実のところ、これからみるように、現実はもっと複雑だった。だが複雑である以上に、希望に満ち、興味をそそるものだったのだ。

リバタリアの逸話、あるいはエイヴリーの海賊王国の逸話は、けっしてなんの足場もないファンタジーではなかった。そうした逸話が存在すること、そうした逸話が語られ書かれ流布すること、そして大衆的人気を集めること、それ自体が歴史的な現象なのだ。マルクスの言葉を借りれば、ある意味で、これらの逸話は歴史における物質的力であるとさえいえるかもしれない。結局、いまでいう〈海賊黄金時代〉は、実際には四、五〇年ほどの現象でしかなかった。しかも、かなり前の出来事だ。それでもなお、世界中で海賊と海賊ユートピアの物語《ストーリー》は語り継がれている。しかも、魔術、セックス、死など、海賊物語が登場した当初からそこにあふれていた要素を織り込みつつ、多種多様な空想《ファンタジー》がつむぎだされているのである。これらの物語に耐久力があるのは、人間の自由にまつわるある種のヴィジョンを体現しているからではないか。そうでないと、だれがいえるだろうか。いまなお身近に感じられている自由のヴィジョン、一八世紀にヨーロッパのサロンで採用され、現在も支配的であるような自由とは別の、もうひとつの自由のヴィジョン。全世界に反抗の旗を掲げ、掠奪した戦利品でもって正体を失うまで酒池肉林の宴に興じ、強そうな敵とみるや一目散に逃げ去る、歯や脚のないバッカニアbuccaneer［海賊］たち[†7]。消え去ったあとに残されるのはほら話と混乱だけ。おそらくかれらも、ヴォルテールやアダム・スミスとおなじように啓蒙の一員であった。しかし、同時に、とことんプロレタリア的であるような解放のヴィジョン、必然的に暴力的で、直接的、そして刹那的であるような解放のヴィジョンをも、かれらは象徴している。近代的な工場の規律は、船とプランテーションで生まれた。新興勢力である産業家たちが、人間を機械へと変貌させるこうした技術をマンチェスターやバーミンガムのような都市に導入したのは、そのあとの話だ。とすると、海賊伝説は、産業革命の基礎を築くことになる北大西洋の新興プロレタリアートが生みだした、最重要の詩的表現形式ということができるかもしれない[*1]。このような規律、あるいはもっと巧妙で陰険な現代の規律が、わたしたちの労働世界を支配するかぎり、わたしたちはいつだってバッカニアをめぐる空想をやめないだろう。

　とはいえ、海賊のロマンティックな魅力を語ることが本書の主要な目的ではない。本書は、人類学に裏打ちされた歴史研究である。一七世紀末から一八世紀初頭にかけて数千人の海賊がマダガスカルの北東海岸に定住していた。そんな時代に、実際になにが起きたのか、できるかぎり正確にたどること、広い意味でリバタリアが実在したということ、そして、ある意味でそれを啓蒙主義の最初の政治的実験とみなしうるということ。本書で論証したいのはこれである。そして、この実験を実現させた人たちの多くがマダガスカル語を話していたことも。

海賊のユートピアにかんするうわさ話《ストーリー》が広く流布し、歴史的影響を及ぼしたことはまちがいない。問題は、その影響が実際にどの程度広く、どの程度深かったかである。わたしは、その影響の甚大さを裏づけることはできるとおもう。まず、このうわさ話が、とても早く、つまり、モンテスキューや百科全書派に重ねられるようになる政治理論の登場よりもずっと前、ニュートンやライプニッツの時代に流布しはじめているということ。いうまでもなくモンテスキューは、すべての国民《ネーション》は、まずユートピアの実験のようなものとして生まれたと主張した。偉大なる立法者がみずからのヴィジョンにしたがって法秩序を与え、それによって政治的共同体《ネーション》を創設するのである、と。モンテスキューのような人びとが、その幼少期や青年期にまちがいなく耳にしたであろう物語のなかでは、ミッソンやエイヴリーのような海賊船長がやっているとされていたのは、まさにこれだった。一七

†7　バッカニアについては訳者あとがき参照。

＊1　新世界のヨーロッパ人奴隷制プランテーションが、事実上、最初の工場であったという考えを最初にうちだしたのはエリック・ウィリアムズ(Williams, *Capitalism and Slavery*[中山毅訳『資本主義と奴隷制』ちくま学芸文庫、二〇二〇年])である。おなじ機械化、監視、規律の技術が船上労働者に適用されていたとするのは、ピーター・ラインボーとマーカス・レディカー(Linebaugh and Rediker, *The Many-Headed Hydra*[『多頭のヒドラ』])である。かれらはそうした船上労働者もふくむ、「人種以前の pre-racial」北大西洋プロレタリアートという概念を練りあげた。

〇七年、モンテスキューがちょうど一八歳のとき、ダニエル・デフォーはイングランドで、マダガスカルの海賊たちを古代ローマの建国者たちになぞらえた論考を執筆していた。あたらしい土地を開拓し、あたらしい法律をつくり、やがて大きな征服国家に成長した軍事集団《ブリガンド》。それが古代ローマの建国者である［としたら、マダガスカルの海賊とどこがちがうのか］、と。たとえこんな議論を焚きつけている興奮が、荒唐無稽なプロパガンダだったりまったくの詐欺から発したりしているにしても、こうした遠隔地での冒険がヨーロッパでどのように受け止められていたのかという観点からすれば、たいしたちがいはない。この退屈な文章がフランス語に翻訳されたかどうかはわからないが（おそらく翻訳されていない）、海賊の新王国の代表者を自称する男たちが、同時代になんらかの同盟関係をもとめてパリを訪れていたことはたしかである。若いモンテスキューはそれを耳にしていただろうか。これもわからないのだが、こんなニュースが当時の学生たちの冗談や論議のネタにならなかったとは考えにくい。そればかりか、野心的な若い知識人たちの想像力をかきたてていたことだって、大いにありうるはずだ。

わかっていることもある。まずそれらの列挙からはじめるのがいいかもしれない。第一に、一七世紀にカリブ海をはじめとする地域からやってきた大量の海賊がマダガスカル北東部の海岸に定住し、その子孫（「ザナマラタ Zana-Malata」）が今日にいたるまでみずからをそのような集団として自己認識していること。第二に、海賊の到来によって現地にさまざまな社会的混乱が巻き起こり、その結果、一八世紀初頭にベツィミサラカ連合 Betsimisaraka Confederation という政治組織が形成されたこと。第三に、ベツィミサラカ連合がかつて支配していた沿岸部（全長約七〇〇キロメートル）に暮らす人びとが、いまでもベツィミサラカを自称し、マダガスカルでも頑なほど平等主義的民族《ピープル》のひとつと考えられていること。第四に、この連合の創設者とされる人物はラツィミラフ Ratsimilaho という名で、当時ラツィミラフはアンブナヴラ Ambonavola（現在フルポワント Foulpointe と呼ばれている町の可能性が高い）なる集落のイングランド人海賊の子息とされていたこと。当時のイングランド人の記録によれば、アンブナヴラは、海賊船特有の民主主義的な組織原理を陸上の居住共同体に応用しようと試みた、それ自体一種のユートピア的実験場と記述されていることがわかっている。そして最後に、まさにこの町で、ラツィミラフがベツィミサラカの王と宣言したこと。

　これらはすべて、かなりの確度でいえることだ。しかし、それ以上ふみ込むとなると、資料は混乱をきわめてくる。たとえば、植民地時代に定着して一般的に受け入れられている年表によれば、ラツィミラフは一七二〇年から一七五六［五〇］年までベツィミサラカの王として君臨していたことになっている。ところが、その二世代後の記述では、かれは啓蒙主義者の哲人王で、みずからの才覚でベツィミサラカを創設したとされている。ラツィミラフは、ヨーロッパの科学と文明を導入せんとする野心的計画を抱いていたが、最終的に海賊の同盟者たちの敗退とフランスの奴隷商人による掠奪によって挫折した、というのだ。しかし、当時書かれた記録と、この記録に整合性をみつけるのはとてもむずかしい。というのも、この人物、あるいは少なくとも同一人物とおもわれる人物が、あるときは王として、またあるときは地方の首長の一人として、またあるときはジャマイカの海賊「王」ジョン・プランタン John Plantain の副官として描かれているからである。そればかりか、まったく別の場所のとあるマダガスカル人王の副官を務めていたという記述もある。もっというと、考古学者たちは、ベツィミサラカ王国の実在を示す証拠をまったく発見していない。当時、マダガスカルのそれ以外の地域につくられた国家は、明確な物質的痕跡を残しているが、北東海岸に沿って、宮殿や公共の建造物、課税制度、役人のヒエラルキー、常備軍の創設、伝統的な農村生活様式の大きな崩壊の痕跡はないのである。

こういったことを、どう考えたらよいのだろう？

この小さな本では、既存の証拠を網羅的かつ詳細に説明することはできないだろう（それはいずれにせよ不可能だろうが）。しかしそれらを、一定の筋だったかたちで解釈できる一般的枠組みを提示することはできるとおもうのだ。それにあたって、わたしの分析には、この時代にかんする従来の理解と袂を分かつ点がいくつかある。

まず、わたしの見解では、当時のマダガスカル、とくに海賊の影響を受けた地域では、強大な王国の話や王宮らしきものが実在したという話を、必ずしも額面通りにうけとめるべきではない。ハリボテの宮殿をつくって外部の人間を畏怖させようとおもえば、当時の海岸部では、材料に困ることがなかった。よそものの観察者が遭遇した「王たち」の少なくとも一部は、マダガスカル人に家臣のふりをしてもらいながら、ひと芝居打っていただけであるのはあきらかだ。海賊はとりわけこのようなゲームを得意としていた。実際、海賊の黄金時代が伝説《レジェンド》として残っている理由のひとつは、その時代の海賊たちが伝説をあやつることに長けていたからである。かれらは、おそろしい暴力の話題であれ感動的な理想的人物の話題であれ、異世界奇譚《ワンダー・ストーリーズ》を戦争の武器のようなものとして展開した。たとえそれが、台頭しつつある世界権力の構造全体にしかけられた、寄せ集めのアウトロー集団による絶望的で破滅的な戦いであったとしても。

第二に、成功したすべてのプロパガンダと同様に、これらの物語には真実の要素がふくまれていたことを強調したい。リバタリア共和国は、少なくとも文字通りの意味では存在しなかったかもしれない。だが、海賊船、アンブナヴラのような海賊の町、そしてこれから論じるようにベツィミサラカ連合（海賊と緊密に連携していたマダガスカルの政治的アクターたちによって形成された）そのもの――これらは、多くの点で自覚的なラディカル民主主義の実験であったといえる。ここからさらにすすんで、こういいたい。この実験は啓蒙主義的政治思想の最初の胎動である、そして、そこで探究された発想や原理が、やがて政治哲学者たちによって展開され、一世紀後には革命のレジームによって実践に移されたのだ、と。いずれにせよ、これによってベツィミサラカのパラドクス、すなわち、挫折した哲人王が創設したはずなのに、いかなる支配者の権威も認めないことで名高い頑強な平等主義的集団として今日まで残存しているというパラドクスも説明できるはずだ。

（とびきり）ラディカルな啓蒙主義

本書に「啓蒙の海賊たち」という名を冠することが、ちょっとした挑発であるのはまちがいない。啓蒙主義そのものが評判を落としている昨今であれば、なおさらである。一八世紀の啓蒙家たちは、みずからをラディカル派と考え、あらゆる権威の束縛を断ち切り、人間の自由にかんする普遍的な理論の基礎を築こうと試みた。かたや現代のラディカルな思想家たちは、啓蒙思想を既成秩序の最高段階とみなす傾向が強い。その知的運動は、近代に特有の形態の合理的個人主義の基礎をかため、さらにそれが「科学的」レイシズム、近代帝国主義、搾取、大量虐殺の基盤となったというわけだ。たしかに、啓蒙思想に育まれたヨーロッパの帝国主義者、植民地主義者、奴隷所有者たちが世に放たれたとき、実際にこんな惨禍がもたらされたことは疑いない。むろん、ここに因果関係を認めることもできるだろう。だが、もし、そのような人びとが(「かれらの時代の」数世紀前であればそうしただろうように)みずからの行動を宗教的信仰という観点から正当化していたら、ちがった結果になっていただろうか。そんなことはあるまい。ともかく、わたしには(この点は別の場所でも論じているのだが[1])、こうした議論の多くが、はるかに根本的な問題——そもそも啓蒙主義の諸理念(とりわけ人間の解放をめぐるそれら)を、それほど明確に「西洋のもの」ということができるのかという問題——から、わたしたちを遠ざけてしまっているようにおもわれる。将来の歴史家たちは、どういうだろうか。すっきり「西洋のもの」とはいえないと結論づけるむきが大多数ではないか、そうわたしは強く疑っている。ヨーロッパの啓蒙主義は、なによりも知的総合の時代の産物である。それまで知的には僻地であったイングランドやフランスが、突然世界帝国の中心におどりでて、(かれらにとって)驚嘆すべき新思想にさらされた。そこでかれらは、たとえば、アメリカ大陸に由来する個人主義や自由の理念、中国から多大なる影響を受けた官僚制的国民国家というあたらしい観念、アフリカの契約理論、中世イスラームで発展していた経済・社会理論を統合しようと試みたのである。

こうした実践的総合がおこなわれていたような場所(とりわけ啓蒙時代の初期に、こうしたあたらしい発想に照らして社会的関係を組織するあたらしい方法が模索されているような場所)があるとしたら、いわずもがな、いまだ旧体制《アンシャンレジーム》の支配下にあるヨーロッパの大都市ではなく、生まれつつある世界システムの周縁部——それも、帝国の冒険が人間関係もぐちゃぐちゃにしながらこじあけた相対的に自由な空間であった。これらはたいてい、既存の人間集団および文明の破壊というおそるべき暴力の副産物であった。しかし、それですべてが尽くされるわけではない。わたしはすでにやや粗略ではあるが、(2)こんな状況にあって、とりわけあたらしい形態の民主的ガバナンスの開発において先鋒を努めたという点での海賊の重要性にふれたことがある。そこで示唆したように、海賊の乗組員は、たいていのばあい、多種多様な社会組織にかんする知識を有した多種多様な人びとから構成されていた(おなじ船に、イングランド人、スウェーデン人、逃亡したアフリカ人奴隷、カリブのクレオール、アメリカ先住民、アラブ人などなどが肩を並べていたこともあるだろう)。かれらは、あたらしい仕組みの制度を迅速に構築することが絶対に必要な状況に放り込まれながら、いわば即席の平等主義の実現に関与した。それゆえ、ある意味で、そこは完璧な民主主義の実験室だったのだ。のちに北大西洋世界の啓蒙派の政治家たちが発展させた民主主義の形態のいくつかは、一六八〇年代から一六九〇年代にかけて海賊船で最初にあらわれた可能性が高い。このことを示唆する著名なヨーロッパ政治思想史家が、少なくとも一人はいる。

リーダーシップが上位の権威によってではなく、追随者の同意によって与えられるという発想は、初期近代の大西洋世界における海賊船の乗組員の経験にはよくみられたものだった。†8 海賊船の乗組員は船長を選出するだけでなく、(クォーターマスターや船の評議会というかたちで)対抗権力をもち、(戦利品の分配や労災の補償率を明文化した船員規約というかたちで)個人と集団の契約関係に精通していたのである[3]。

そもそもリバタリアのような海賊ユートピアをイングランドやフランスの作家が空想しはじめたのは、こうした力関係の斬新さに触発されてのことであるのは疑いない。しかしながら、それらの記述において、主役はつねにヨーロッパ人であった。リバタリアの逸話がよい例である。わたしたちがなにがしかその知識をえることができるのは、一七二四年にキャプテン・チャールズ・ジョンソン(おそらくダニエル・デフォーの偽名)名義で出版された『海賊列伝』という本からのみである。入植者はすべてヨーロッパ系で、多数決と私的所有を基盤としながらも、奴隷制や人種的分断、組織的宗教を廃止するなど、ある種の自由主義的実験に手を染めた。真に名高い著名な海賊(トム・テュー、ヘンリー・エイヴリーなど)は、ほとんど全員がそのくわだてに参加したといわれている。お話《ストーリー》は、かれらが抜け目のない先住民に襲われて完敗したところで終わる。先住民は、はっきりとした理由もなくかれらを破滅させるのである。つまり、人種的平等のうわべにもかかわらず、マダガスカル人はそこに参加していないのだ。このような報告で、先住民が政治的な実験に参加できる人間として描かれることはない。そして実際、この(つきつめればレイシズム的)バイアスは、植民地時代の、そして現代のほとんどの歴史記述にも継承されている。ほとんどおなじ時代とおなじ場所で日常的に接触しているはずなのに、ヨーロッパ語の話者によっておこなわれた政治的実験は、マダガスカル語の話者によっておこなわれた政治的実験とまったく無関係のものとして扱われるのである。

たとえば、ベツィミサラカ連合の創設への海賊の影響が認められたとしても、字義通り遺伝的文脈によって語られてしまう。つまり、ベツィミサラカは、ラツィミラフという一人のカリスマ的なマラタ［海賊の子］の指導のもと、ヨーロッパ人の海賊とマダガスカル人の母親のあいだに生まれた子どもたちによって創設された、というわけだ。これが、一般的な歴史認識なのである。そこでは、マダガスカル先住民は、みごとなリーダーシップを発揮するラツィミラフの呼びかけに応じるだけの受け身の存在である。しかも、ラツィミラフはつねに、国民国家のようなヨーロッパの既存の発明品を輸入したにすぎず、独自の政治的貢献をはたしたわけではないとみなされる。フランスの歴史家ユベール・デシャンは、今日にいたるまで多かれ少なかれ残存している植民地時代の常識をくり返している。

> この［ラツィミラフという］偉大な人物、この海賊の子は、その知性と人格によって王子としての地位を確立した。かれは、無政府状態のなかで、戦争、貧困にまみれながら生活を送っていた東海岸に散らばった諸部族をまとめる術を知っていた。かれは諸部族から豊かで強力な国家を

†8　クォーターマスター quartermaster は「操舵手」とも訳されてきたが、その役割は、技術的な側面以上のものである。海賊船において、乗組員たちは、船長たちの権力の濫用を防ぐため、それを相殺する権力である、じぶんたちの利益の代表者としてのクォーターマスターを選出した。戦闘のさいをのぞきクォーターマスターは船長と同等の権限を有していたとされる。船長が不在のばあいには、乗組員を指揮したり、秩序の維持、乗組員間の紛争の解決、各乗組員に分配される飲食物の量の決定などもクォーターマスターの職務だった。

つくりあげ、その存続と結束をたしかなものにしたのだった……。
かれははじめて、このグランディル la Grande Île［マダガスカル］に領域国家の感覚を導入した。そしてかれにその模範例を示したのが、ヨーロッパの諸国家であったのである……。〔しかし〕ラツィミラフの死後、王国は徐々に解体していった。(4)

実のところ、この標準的見解は、ほとんど検証に耐えるものではない。第一に、これからみるように、ラツィミラフが存在したのは確実であって、ラヘナ Rahena という地元のマダガスカル女性とタム Thamo ないしトム Tom というイングランドの海賊の息子だったようだが、それ以外のマラタは連合が創設された当時、ほとんど子どもだったこと。*2 さらにいえば、現在参照できる資料では、ラツィミラフ自身以外の成人だった人びとは、連合創設に手を貸すのをいっさい拒絶していたことがはっきりしている。

第二に、ラツィミラフの王国が「領域国家」であったという証拠はないということ。実際、どんな種類の王国が存在したのか、まともな証拠がないのである。この地域の考古学的調査(5)によれば、「王国」創設後も居住形態に変化はなく、当時の北東部に行政的ヒエラルキーや社会階級のシステムらしきものが存在した証拠は考古学者をはじめとしてだれも発見していない。すべての証拠は、ほとんどの決定が、これまでと変わらず、懸案の問題に影響を受ける人間ならだれもが意見表明する権利をもつ民衆集会《ポピュラー・アセンブリーズ》でおこなわれていたことを示唆している。実のところ、これから述べるように、「王国」建設後の政治・社会組織においては、以前よりもヒエラルキーの強度が低落していたと、裏づけをもっていえる。というのも、初期[「王国」建設以前]の記述では言及されていた戦士貴族の階級が以降の記述からは消滅しているからである。それゆえ、以前にもまして集会が重要になったのである。たしかに、ザナマラタはしだいに婚姻関係による世襲貴族に近い存在となり、祖先の海賊のやりかたに戻って世紀末にはコモロ諸島[マダガスカル島とモザンビークのあいだにある諸島]やザンジバル[アフリカ東海岸のインド洋上にある、タンザニアに属する諸島]への襲撃も組織したが、かれらはつねに基本的に社会外の存在とみなされていた。そして、その政治権力は、一八一七年に高地を基盤とするマダガスカル王国にテリトリーが編入されたのと同時期の民衆蜂起によって最終的に解体する。(6)

わたしたちはここで、真に歴史上の異例性に遭遇しているようだ。つまり、外部世界に対しては、賢明なる海賊の子であるカリスマ的人物を中心に組織された王国として現象し、内側においては、社会的階層分化のシステムを発展させていない分権的な草の根民主主義によって運営されている、そのような政治的実体。これをどう説明すればいいのだろうか？　それ以外に類似した歴史的事例はあるのだろうか？

実は、なによりも類似のあきらかな事例がある。海賊船である。海賊の船長は、横暴なるおそるべきならず者という評判を世間に広めようとしばしば努めている。ところが自身の船となると、多

＊2　そればかりか、一七一二年に戦争がはじまったとき、おおまかにみて二一歳を超えた者はいなかったはずだ。なぜなら、一六九一年頃まではマダガスカルで活動する海賊はたいした数ではなかったからだ。ラツィミラフ自身も当時一八歳だったといわれている。

数決で選出され、いつでもやはり多数決で解任される可能性に、船長たちはさらされていた。追跡中や戦闘中には命令する権限をもったが、それ以外は他の人びととおなじように集会に参加しなければならなかった。海賊船には船長とクォーターマスター(集会を主宰したのは後者である)以外の地位《ランク》は存在していなかった。さらに、このような組織形態をマダガスカル本島に適用しようとした試みのあったこともわかっている。最後に、後述するように、長いことマダガスカルの港町には、バッカニアなどの怪しげな人物たちが王や王子を装って住みついたが、近隣集落に根づいた社会的関係にはいっさい手をつけることはなかった。*3

それに対し、ベツィミサラカは、たしかにその近隣集落の社会的関係を再組織することはおこなった。ただそれを、実際の君主のようなやりかたでおこなったわけではなかったのである。

海賊の出現が、沿岸部における一連の革命を惹き起こした。この可能性が、本書でわたしの主張したいことだ。そのうち、最初の、そしておそらく最も重要な革命は、主に女性が主導したもので、それまで外国人と北東海岸の人びとの仲介役をはたしていたクランの儀礼的・経済的権力の打破をめざしていた。ベツィミサラカ連合の創設は、実のところ革命のつぎの段階であって、最初の革命に対する一種の反動、すなわち、女性の反乱に対する男性の反動とみなすこともできよう。クランのリーダーと野心的な若い戦士たちは、海賊の支持という後ろ盾と混血の海賊王による公式の指導のもとで、「原《プロト》=啓蒙主義的政治実験」と呼ぶにふさわしい、海賊のガバナンスとマダガスカルの伝統的な政治文化における平等主義的性格の強い諸要素を創造的に総合してみせたのだ。一般に、王国建設の試みは挫折したとかたづけられている。しかし、マダガスカル人による海賊的啓蒙の革新的応用の実験としては成功した。こうみることに無理はないとおもうのだ。

＊3　エイヴリー、あるいはかれの代理人、あるいはかれの代理人のふりをした人びとは、短期間ではあるものの、エイヴリーがマダガスカルの野心的な海賊新王国の創設者であると、ヨーロッパの王侯貴族にさえ信じさせることに成功した。

目次

凡　例

・傍注について、＊は原注、†は訳注を示す。
・本文中の〔　〕は原著者による補足、［　］は訳者による補足を示す。
・文献注は英語版にならい、巻末に一括して示す。
・引用文に日本語の既訳を用いるばあい、文脈にあわせて一部表記や表現を改めたところがある。

第一部

マダガスカル北東部の海賊と偽王《モック・キング》

海賊について客観的に語ることは、とてもむずかしい。ほとんどの歴史家は、そう努めようとすらしていない。一七世紀の海賊にかんする文献は、ロマンティックな賛美に充ちた大衆文学と、学者の議論(海賊は原初的革命家かそれともたんなる殺人者、レイピスト、泥棒か)とに大きくわかれている(1)。ここではそんなあれやこれやの堆積したぬかるみに足を踏み込むつもりはない。とにかく、いろんな種類の海賊がいたのだ。海賊船長として記憶に留められているなかには、貴族出身の冒険家もいれば、紳士的な掠奪者もいた。私掠船長もいれば、ヨーロッパ強国の公式非公式の使い走り《エージェント》もいた。むろん虚無的《ニヒリスティック》な犯罪人にすぎない者がいたことも確実だ。しかし、海賊たちの多くが、短期間であったとはいえ、ある種の反逆文化の形成に関与した。確固たる文明の外部に、つかのまの文明を創造したのである。たしかにそれは、多くの点で暴力的ではあった。しかしいっぽうで、海賊たちは、独自の道徳規範と民主主義的制度を生みだし、発展させたのだ。最低限、こういえるだろう。当時の基準からすれば、海賊たちの暴力性は突出したものとはいえない。だが、かれらがやってみせた民主主義的実践は、ほぼ完全に前例のないものであった、と。

一七世紀から一八世紀のマダガスカルで起こったことに最もダイレクトに関連しているとおもわれるのは(そしてラディカルな歴史家たちが最も高く評価しているのは)、この後者の海賊たちである。

そこで、いささか背景を説明する必要がある。

初期の海賊船のなかには、そのままならず者に転じた私掠船もあった。だが一般に、海賊の乗組員を生んだのは反乱である。一六世紀のヨーロッパ船上における規律は気まぐれで苛烈なものであった。それゆえ乗組員たちがひんぱんに反乱を起こしたのも不思議ではない。だが、陸上の法は容赦がなかった。反乱を起こした乗組員たちも、おのれの末路が縛り首であることを認めていた。海賊になるとは、この運命を受け入れることだったのだ。反乱を起こした乗組員は「全世界に」宣戦布告し、「ジョリー・ロジャー」を高く掲げた。この海賊旗にはさまざまなヴァリエーションがあって、それ自体が雄弁で重要な意味をもっていた。海賊旗にはたいてい悪魔の像が描かれていたが、髑髏《どくろ》や骸骨だけではなく、しばしば砂時計もその像を飾った。それが意味するのは、脅迫(「おまえ、死ぬぞ」)よりは、純然たる挑戦である(「われらの死は時間の問題だ」)。水平線上にこの旗を確認した乗組員は、脅されるよりいっそう恐怖を感じたであろう。ジョリー・ロジャーの掲揚は、乗組員にとって、地獄墜ちの覚悟をみずからすすんで表明する方法だったのである。

人為の法のみならず神そのものに歯むかうこのような挑戦が、一七世紀の北大西洋の世界でどれほどまじめに受け取られていたのか、少し立ち止まって考えてみてもよいだろう。当時、悪魔の大義を奉じるなど、気軽にできるものではなかった。この時代の海の世界の基準からしても、窃盗、暴力、残虐行為などは日常茶飯であったが、神の冒瀆や宗教の全面的否定はそうではなかった。当時もいまも船乗りの語り口は表現の豊かさときわだった悪態とで知られているが、海賊のなかでは、この表現力に富んだ悪態が、真の哲学にまで発展していたようだ。会話のなかで、地獄はやむことなくひっぱりだされていた。たしかに、外部の観察者たちは、海賊の会話から聞こえてくる乱暴で激しく冒瀆的な言葉に衝撃を受けている。クレメント・ダウニング Clement Downing は、ジョン・プランタンという海賊の話をこうはじめている。

ジョン・プランタンはジャマイカ島のチョコレート・ホールでイングランド人の両親のもとに生まれたが、その両親は、かれが最初にしゃべることを学んだときから、じぶんたちのもっていた最高の教養、すなわち、呪い、悪態、冒瀆をかれに授けようと心を砕いたのであった。(2)

みずからも船乗りだったこの著者も、海賊退治の遠征中、乗組員がマダガスカルの村人から「このクソどもよ！ 歓迎するぞ！ God damn ye, John! Me love you!」と熱狂的に迎えられるのを目撃し、恐怖を感じたと記録している。その村人たちは海賊から英語を学んでいたのである。(3)

プランタン自身ものちにマダガスカルで身を立て「ランター湾の王 King of Ranter Bay」と呼ばれるようになるわけだが、この称号は長期にわたって、学者たちの関心をかきたてることになる。「ランター湾」とは、マダガスカル語の「ランタベ Rantabe」(「大きなビーチ」)を英語化しただけのようにみえる。だが、同時に、二世代前に私有財産と既存の性道徳の廃絶を公然と唱えていた労働者階級のラディカルな無律法主義運動、「ランターズ」がそこで意識されていないとも考えにくい(実際イングランドではかれらの弾圧を主目的として冒瀆禁止法が導入されていた)。ランターズの思想がバッカニアに直接影響を与えたという歴史的証拠はないが、[*1] なによりもこのことは、かれらが同時代の人びとの心にどのような連想を呼び起こしたかを教えてくれる。かれらは、いわば死の空間を生きる男たち(インド洋の海賊はほとんど男性だった)であった。そして、かたぎの人びとは、海賊自身が悪魔でないにしても、すすんでおのれを悪魔に見立てるがごとき倒錯によって地獄墜ちはまぬかれないとみなしていた。

海賊がマダガスカルにやってきた

〈海賊行為の黄金時代 Golden Age of Piracy〉と呼ばれるようになった時期のバッカニア［海賊］たちの最初の餌食は、大西洋における新世界からの海運であった。標的は、スペイン財宝艦隊［一五六六年から一七九〇年にスペイン帝国が組織した、商船と護衛船からなる船団］の最後の生き残りや西インド諸島のプランテーション経済のもたらすあらたな富など。ところが、しだいに、香辛料、絹、貴金属を積んだヨーロッパやアジアの商船が行き交うインド洋のほうが、はるかに獲物に富んでいることがわかってきた。とりわけ魅力的な獲物は、紅海にみつかった。インドやその他の地域からメッカ巡礼に来たムスリムである。マダガスカルは、大西洋奴隷貿易を組織していた英国王立アフリカ会社の管轄外であり、東インド会社の管轄外でもあった。つまり、一種の法的グレーゾーン［法の抜け穴］に位置していた。そのため、こうした襲撃の拠点としては理想的だったのである。西海岸には――そしてある程度は南部にも――強力な王制が存在したが、北東部は開放的であり、のちにフェネリヴ Fenerive やタマタヴ Tamatave、フルポワント Foulpointe、サントマリー Sainte-Marie といった港町に発展することになる天然港が数多くあった。

サントマリー――聖マリア――とは、広大なアントンジル Antongil 湾の南にある小さな島に、通りすがりのヨーロッパ商人たちが与えた名称である。一六五〇年代以降、探検家や掠奪者のお気に入りの寄港地となった。マダガスカルでは「ヌシ・ブラハ Nosy Boraha」と呼ばれるこの島は、水の供給が豊富で、しっかり守られた港湾で知られている。それが、一六九一年以降、要塞、船の修理や艤装のための作業場、品揃え豊富な屋根つき市場などを備えた悪名高い海賊の拠点となった。この小さな港町の人口は、季節によって一〇〇人弱から一〇〇〇人以上のあいだを変動した。多いときは、現役ないし引退した海賊たち《フリーブーターズ》、家出人、あれやこれやの逃亡者たち、マダガスカル人の妻や同盟者、商人、そして取り巻きなどなどで膨れあがったのだった。

サントマリーの町の創設者は、元海賊のアダム・ボールドリッジ Adam Baldridge なる人物である。ボールドリッジはジャマイカでの殺人事件で指名手配され、なりゆきでニューヨークの商人フレドリック・フィリップスの代理人となる。悪名轟く大金持ちのフィリップスは一六八〇年代後半に、この島での奴隷購入を目的とした船の調達に手を染めていたため、すでにこの地を知っていた。そのおかげで、かれは、あたかも「合法」貿易(要するに奴隷貿易)の拠点づくりをやっているかのようにふるまうことができたのだった。実際にはバッカニアへの物資調達やバッカニアがぶんどって

＊1　クリストファー・ヒルは「ラディカルな海賊？ Radical Pirates?」と題した小論(Hill, *People and Ideas in Seventeenth-Century England*[小野功生訳「急進的な海賊？」『十七世紀イギリスの民衆と思想』法政大学出版局、一九九八年])で、ジャマイカなどのカリブ海植民地に避難した急進的クエーカーやランターズなどの無律法主義者が、海賊に影響を与えた、あるいは海賊になったのではないかと述べているが、これはいまだ推測の域をでない。

くる掠奪品処分の場と化していたというのに。このため、サントマリーとニューヨークのあいだで、いっとき貿易が活性化したくらいだ。カリブ海からインド洋にむかう「海賊周航 pirate round」†1の船は、必ずといっていいほどサントマリーに立ち寄り、船を整備して食料や武器を補給し、「襲撃に」成功すれば掠奪品を売り払いに戻ってきた。船旅の合間に休息をとりたい乗組員、あるいは身元を隠して帰国しようとする乗組員は、サントマリーに一時滞在したが、なかには永住する者もいた。

ボールドリッジは砦の主であり、ときに「海賊王」を自称していたが、周囲もそう認めていたという証拠はない。他のバッカニアたちとの関係において対等者のなかの第一人者以上の存在であった証拠もない。この町には安定した統治機構もなければ、住民すらもいなかったようだ。ほとんどの人間にとってこの町が一時的な休息地であったからで、長く滞在するつもりの者も、飲酒などの放蕩が祟り、熱帯病にかかるやコロリと逝ってしまうことが多かった。生き残った人びとも、たいてい最終的には本島に移住している。やがて、引退した海賊の数は数千人にまで及び、北東海岸には小さな海賊の集落が点在するようになった。

掠奪品の問題

紅海を股にかける海賊たちは、巨額の現金のみならず、金、宝石、絹、キャラコ、象牙、アヘンなどの異国の品々を獲得したが、それらの処分はたいていきわめて困難だった。これを忘れて、サントマリーの重要性を理解することはできない。ロンドンの宝石商の店舗に大袋いっぱいのダイヤモンドを持参し、一〇万ポンドの現金を抱えて帰る。これが一六九〇年代にはいまとは比較にならないほどむずかしかった。たいして裕福にもみえない男性が、これほどの大金を処理などしようものなら、ただちに当局が目を着けてくるからだ。金額が大きければ大きいほど、問題も大きくなる。たとえば、こんな事例がしばしば生じている。海賊一味のある乗組員が一二万ポンド相当の財宝を手に入れた。とりあえず、今日の価値に換算すれば何百万ポンドに相当するしろものだ。ところが、海賊がこの金額で、コーンウォール［イングランド南西部］やケープコッド［米国マサチューセッツ州の東端］の海岸あたりに豪邸を買い上げようとしてもほぼ不可能なのだ。西インド諸島やレユニオン島だったら、法外な賄賂と引き換えに、海賊を入植者として受け入れ、その犯罪に目をつぶってくれるような、悪徳の、または腐敗した植民地役人がいただろう。だが、そうでなければ掠奪品の一部を換金するために、手の込んだ計画を立てたり身分を偽ったりする必要があった。

海賊史上、おそらく最大の獲物を手に入れたのがヘンリー・エイヴリー Henry Avery(またの名をヘンリー・エイヴリー Henry Every、あるいはベン・ブリッジマン Ben Bridgeman、あるいはロング・ベン Long Ben)である。かれの事例は示唆的だ。まず、私掠船チャールズ号で一六九四年五月に乗組員が反乱を起こす。反乱のあと、エイヴリーが船長に選ばれた。(4) インド洋に舳先をむけたかれらは、やがて

†1　ヘンリー・エイヴリー、ウィリアム・キッド、トマス・テューらの時代、インド洋を掠奪の標的とするためマダガスカルを拠点とした航路のこと。詳しくは訳者あとがき参照。

重武装したムガル帝国のメッカ行き船団を攻撃する海賊船団にくわわった。長時間にわたる追跡と戦闘のはてに二隻（ガンジ＝イ＝サワイ *Ganj-i-Sawai* 号とファテ・モハメド *Fateh Muhammed* 号）を拿捕。推定六〇万ポンド（のちにムガルの宮廷がイングランド当局に請求した額によれば）もの大金を手に入れた。人気のある一説によると、エイヴリーは船の家具を覆っている宝石がただの装飾ガラスではないとめざとく気づき、金やコインをかき集める乗組員を尻目に、ノミを使って袋いっぱいのダイヤモンドを確保したという。だがこれが伝説にすぎないことは、ほぼ確実である。たいていのばあい、宝物はきちんと乗組員のあいだで公平に分配されていたのだから。しかし、その掠奪品の処分が厄介な問題だったのである。かくもぶっとんだお宝とあっては、さしものボールドリッジにもどうにもならなかったようだ。その結果、レユニオン島へむかった者もあったが、船それ自体はまず総督が腐敗しているという噂のある［バハマの］ナッソーへむかうことになった。

問題は、獲物があまりにもすごすぎたことだ。激怒したアウラングゼーブ［ムガル帝国の第六代君主］は、イングランド政府も加担しているとして、東インド会社の駐在員を捕らえて追放すると脅した。イングランド政府は公式にエイヴリーを「全人類の敵」と宣言し、世界初の国際指名手配を通告する。エイヴリーの部下は北米植民地に散り、ある者は偽名でアイルランドに戻り、ある者は荷を下ろそうとして発見され、ある者は仲間を密告した。最終的に二四人が逮捕され、ムガル政府の怒りを鎮めるために六人が公開処刑される。ところが、エイヴリーの運命は謎に包まれたままだった。逮捕されなかったのはたしかだ。一説によれば、身を隠してしばらくして亡くなったという。ついに現金化する方法をみつけ、熱帯のどこかで快適な隠退生活を送ったという噂もあった。指名手配中の男だからと侮ったブリストルのダイヤモンド商に巧みにだまされたという者もいた。何年もたってから、海辺のスラムの貧民として葬儀の棺すら用意できずに死んだ、というのだ。

　しかし、エイヴリーの世界的な悪名が、海賊たちにとって厄介の種でしかなかったとみるのも、おそらく単純すぎる。かれを取り巻く伝説のおかげで、のちの海賊たち、そしてたぶんエイヴリー自身（かれがどうなったかは本当にわからないのだが）も、当時の権力組織と交渉するにあたり有利な方法、すなわち海賊王国の代表を名乗るという方法をひねりだすことができたのだから。エイヴリーがまだマダガスカルにいるという噂も広がりはじめたが、多くのばあい、噂の出所がサントマリーの海賊自身であったことはあきらかだ。その噂は、ガンジ＝イ＝サワイ号が奪取されたあと、エイヴリーはムガルの娘と恋に落ち、マダガスカルにあたらしい王国を築いている、とつづく。あるいは、エイヴリーは花嫁の王女といっしょに難攻不落の要塞から島を支配しているとか、すべての物資を共有するユートピア的な民主主義の実験を指揮しているとかいう噂もあった（こうした噂話《ストーリー》がリバタリアへと変貌していくのである）。やがて、この架空の海賊国家の使節がヨーロッパ各地の宮廷にあらわれ、急成長する新王国の存在をあかした。その王国は、何千もの海賊やあらゆる民族の連合軍と巨大な軍艦を従えてインド洋南西部を制覇し、いまや同盟国をもとめている、というのだった。かれらは、一七〇七年にイングランド宮廷に、一七一二年にはフランス宮廷に、一七一四年にはオランダ宮廷にそれぞれ接触しているのだが、試みは、ほとんど成功していない。しかし、数年後、ロシア、オスマン帝国、そしてスウェーデンの三ヵ国が、かれらの接触に対し前向きな受け入れの姿勢をみせた。スウェーデン政府など、策略が発覚する以前に、実際に最初の条約を締結し、大使を派遣する準備をしていたくらいだ。ピョートル大帝も、海賊との同盟を足がかりに、マダガスカルにロシアの植民地を建設しようとまじめに考えていた[5]。

もちろん、これらの「使節」が実際の海賊となんらかの関係があったのか、それとも無関係の詐欺師だったのか、知るよしもない。しかし、この物語は、ヨーロッパ人の想像力に深遠なるインパクトを与えた。このあたらしい海賊国家のテーマを最初にとりあげた作家のひとりが、若き日のダニエル・デフォーである。かれは一七〇七年に『レヴュー』[†2]誌で、エイヴリーの王国承認への賛意を表明し、雄弁に論じている。いわく、ローマをはじめとする多くの古代国家は、あれやこれやの賊によって設立されたのであって、もしイングランド政府がこのような新興国との関係を正常化しなければ、そこは世界中の犯罪者の避難所となり、帝国にとっての脅威と化すであろう、と。その後まもなくして、このくわだてがいんちきであることがあきらかになる。ところが、にもかかわらずアドリアン・ファン・ブルックの『いまやマダガスカルを領有せる著名なるイングランド人海賊、ジョン・エイヴリー船長の生涯と冒険 *The Life and Adventures of Capt. John Avery; the Famous English Pirate, Now in Possession of Madagascar*』なる小冊子が一七〇九年に刊行されたのを皮切りに、〔この逸話をもとにした〕大衆むけのフィクション群があらわれた。その一〇年後、デフォーみずから事実関係に白黒つけようと試みる。そこでかれが公刊したのが以下のタイトルの冊子である。『海賊王――マダガスカルの偽王エイヴリー船長の高名なる事業と放浪ならびに海賊行為、ここでエイヴリーについてこれまで出版されたすべての偽りの説明が検証される *The King of Pirates: being an Account of the Famous Enterprises of Captain Avery, the Mock King of Madagascar with His*

Rambles and Piracies Wherein All the Sham Accounts Formerly Publish'd of Him, Are Detected』(一七一九年)。そこではムガルの王女は姿を消し、エイヴリーのユートピア的な実験も挫折に終わっている。数年後、今度はジョンソン船長名義の『海賊列伝』(一七二四年)で、デフォー(おそらく)はエイヴリーをさらに降格させた。もはやかれは、ダイヤモンドの山を手に入れたものの貧窮のうちにくたばった無能な悪党にすぎなかった。部下たちは貧困に沈み、ホッブズが『リヴァイアサン』で描いたような混沌がマダガスカルに訪れた。そして、ここでジョンソン船長が「リバタリア」と名づけた大いなるユートピアの実験の逸話は、まったく想像上のミッソン船長に移し替えられることになる。

サントマリーの実体経済

サントマリーの実際の歴史は、それに比べるとしごく平凡にみえるだろう。だが、ここは正真正銘の海賊集落だった。インド洋航路の掠奪者たちも、かんたんに避難所や同胞をみつけることができるし、少なくとも一六九一年から一六九九年のあいだは、故郷の快適さをあきらめさえすれば戦利品を処分できる場所だったのだ。年に数回、エール、ワイン、蒸留酒《スピリッツ》、火薬、武器のみならず、

†2 『レヴュー』誌(*A Review of the State of the British Nation*)は、デフォー自身が一七〇四年から一七一三年まで編集・発行していた雑誌。ここで言及されているのは一七〇七年一〇月一八日の記事だとおもわれる。

毛織物、鏡、食器、ハンマー、書籍、縫い針などの必需品も積んで、商船がニューヨークから到着した。それから海賊の掠奪品やマンハッタンで奴隷として売り払うマダガスカル人の捕虜を積んでニューヨークに帰っていった。

皮肉なことだが、海賊を破滅の淵にまで追いつめたのは、後者、すなわちサントマリーの「合法的」商業である奴隷貿易であった。

奴隷貿易はマダガスカルでは目新しいものではなかった。中世以来、アラブ商人は内戦に乗じて捕虜を獲得していたのだから。それでもヨーロッパ人がインド洋に進出した初期には、マダガスカルの港は、奴隷を購入する場というよりも、喜望峰を行き来する船舶の補給や改修のための場とみなされていた。ところが、しだいにマダガスカルは、エキゾチックな楽園の島としてヨーロッパで評判になる。肥沃な土壌や良好な気候を称賛する小冊子が公刊され、フランスとイングランドの両政府は、それぞれ、南東部のフォールドファン Fort-Dauphin（一六四三―七四年）と南西部のセント・オーガスティン〔サントーギュスタン〕St. Augustine 湾（一六四四―四六年）に入植者の植民地建設を支援した。ところが、いずれも〔先住民の反発を買い〕挫折に終わる。アントンジル湾に拠点を築こうとしたオランダの試みも、同様に頓挫した。実際、この時代の大きな謎のひとつが、マダガスカルに、ヨーロッパ人入植者がほとんど定着できなかったことである(6)。マダガスカルは長いあいだ、インド洋地域全体（東アフリカだけでなくペルシア湾、スリランカ、スマトラ島など）から、商人、入植者、難民を迎え入れ、統合してきたというのに。

その原因の一端は、ヨーロッパからの入植希望者が、奴隷貿易に手を染めはじめていたことにある。それは、マダガスカル社会で最も粗暴で嫌われていた盗賊や自称貴族戦士《ウォーリアー・プリンス》と同盟をむすぶことを意味していた。しかし、アラブ商人の多くもおなじようなことをやって、あきらかに成功を収めていたのだから、それが原因のすべてではありえない。原因はさらに、かれらがマダガスカル人のもとめていたよそもののふるまいの規範に沿えなかった点にある。ヨーロッパ人はそれを守ろうとしなかったか、守れなかったのである。この点に関連して、西海岸と東海岸でいささか異なる伝統が発達していたことを述べておかねばならない。西海岸では、アンタラウチャ Antalaotra（「海の民」）と呼ばれるアラブ人やスワヒリ人の商人が、商業を支配していた。かれらは独自の港町を形成するいっぽう、故郷のコミュニティとつねに接触を保持しつづけていた。また同胞の内部で婚姻関係をむすぶ傾向があったが、マダガスカルの貴族《プリンス》たちとも緊密な同盟関係をむすび、熱帯の産物や奴隷と引き換えに、武器のみならず華美な贅沢品をも供与していた。いっぽう、東海岸の状況はまったく異なっている。そこでは、インド洋を横断してやってきた政治的・宗教的難民が大部分を占めていた。そして、かれらは、地元住民と婚姻関係をむすび、あたらしいエリート（あるときは王家の一員や貴族、あるときは魔術師、治療師、知識人、またあるときはそれらすべてを一身に体現した）の中核となったのである。

一六世紀から一七世紀にかけてのヨーロッパ人入植者たちは、いずれの戦略もとらなかった。マダガスカルの有力者と同盟をむすんで独立した飛び地を形成することも、婚姻関係をむすんで貴族政治の複雑なゲームに参加することもしなかった。ヨーロッパの商人たちは（とくに最初のうちは）、マダガスカルの同盟国にオリエントの奢侈品を贈れるような立場になかった。そもそも、それを確保することができなかったからだ。いにしえのインド洋交易の世界では、ヨーロッパ商人たちは依然としてほとんど異端者であったし、かといってヨーロッパ自身の産物は王にふさわしくないとみなされていた。唯一の例外は銃器だったが、これはヨーロッパ人をただの粗暴な野蛮人とみなすマダガスカル人の印象を強めるだけだった。やがて、オランダ、そしてフランスとイングランドが、ブイナ Boina とメナベ Menabe［サカラヴァ人の築いた二つの王国］のサカラヴァ王たちのパトロンとしてアンタラウチャにとってかわることに成功したが、その成功の要因の大部分は、絹、磁器などの豪華な奢侈品の既存の貿易ネットワークに、圧倒的な武力で食い込むことによってであった。いいかえれば、かれらは海賊とはさして異なってはいなかったのだ。まちがいなく、この地域のほとんどすべての人びとに、かれらはそう認識されていた。この地域の人びとにとって、海賊や奴隷商人、植民者と「合法的商人」の区別など、ヨーロッパ船の人びとの実際の行動にはなんの関係もない、異国の《エキゾチック》法律的美辞麗句でしかなかった。ロション師[†3]は、一七九二年、この島を通過するヨーロッパ船について、こう記している。

この島を通過するヨーロッパ船は、ウシやトリやコメを供与するのが遅ければ、奇襲をかけ、村を焼き払ったり、大砲で脅したりして、ひとたびならず、力ずくで食料を調達した。島民にとって、このような粗暴なるふるまいのあとでヨーロッパ船を目撃したら、それが恐怖と災難の合図となることは当然である。(7)

それとともに、〔現地民と婚姻関係をむすぶという〕第二の戦略を試みた植民者たちがマダガスカル社会に完全に溶け込むのを、ヨーロッパ人のレイシズムがさえぎった。これを最も雄弁に語るのがフォールドファンにおけるフランス植民地の最終的な命運にかんする逸話である。現地の大物一族に対し縁戚関係を保持するといった程度には総督たちは賢明であったし、ほとんどの入植者――ほぼ全員が男性――もマダガスカル人の妻をえ、やがて家族をもった。しかし、これによってかれらは地方政治に巻き込まれ、フランス人旅行者ですら「凶悪なる残虐行為」と評すごときふるまいに走ることになる[8]。このような行動はすぐに近隣住民の怒りをかうが、マダガスカル人の親族だけは、かれらを庇護した。ところが、フランス人女性がそこにやってくるや、フランス人たちは現地の親族を即座に見捨ててしまう。それが悲惨な結果を招いたのである。

一六七四年、ブルボン(レユニオン)島行きの若い〔フランス人の〕女たちの船が港で難破したときに植民地は終焉を迎えた。女たちは総督を説得し、じぶんたちを植民者と結婚させた。植民者のマダガスカル人妻たちが植民者たちに背をむけると、マダガスカル人の軍勢が結婚式の最中に植民者約一〇〇人を虐殺した。すぐに船で逃げだした生存者は、去りぎわに大砲を撃ち込んで、貯蔵庫に火を放った[9]。

†3　アレクシ・マリー・ロション師 Abbé Alexis Marie Rochon(一七四一―一八一七)はフランスの聖職者、科学者、探検家。天文学、物理学、とりわけ光学の分野で多くの貢献をなすいっぽうで、探検家としても活躍し、アフリカやアジアのいくつかの地域を探検し、報告した。

このような不幸な歴史を考えるなら、それまでのヨーロッパ人入植者たちより海賊のほうが、マダガスカルの隣人たちにうまく受け入れられたといっても過言ではないだろう。しかし、海賊には［それ以外の］ヨーロッパ人よりも有利な点があったこともあきらかだ。第一に、オリエントの奢侈品を手に入れ、地元の同盟者たちをもてなすことができたこと。第二に、母国の社会的・政治的秩序をきっぱり拒絶していたがゆえに、現地社会に完全に溶け込んでしまうのをためらう理由がなかったこと。まもなく外国の観察者たちは、サントマリーの港でマダガスカルの女性たちが「金や銀で刺繡された美しさにかけては最上級のインド素材のドレスを身にまとい、金の鎖や腕輪、相当に高価なダイヤモンドまで身に着けている(10)」と報告するようになる。ボールドリッジ自身も現地で結婚し、多くの子どもをもうけたようだ。海賊の多数が定住し、事実上のマダガスカル人になったようである。もっと正確にいえば、沿岸部ではおなじみの「内なるアウトサイダー internal outsiders」と呼べるような存在になり、半マダガスカル人のよそものがうけもっていた伝統的役割、すなわちマダガスカル人と通りすがりのヨーロッパ商人との仲介役をはたしたのであった。

しかし、そこまでの道のりはけっして平坦なものではなかった。この点で、ボールドリッジ自身の命運は示唆に富んでいる。サントマリー島でのかれの活動は少なくとも準合法的《セミリーガル》なものであった（一六九〇年代の大半はまだ無法者との交易を禁止する法律がなかった）ため、［かたぎの］ヨーロッパ人貿易商と同様に本国からの圧力にさらされていた。初期のヨーロッパ人貿易商の最悪の［虐待的］行動の原因となったのが、この［収益性の］圧力であった。後年、みずからおこなった説明によれば、ボールドリッジはこの島に砦を築き、本島の生活とは切っても切り離せない掠奪の応酬という風土病的小戦争から逃れてきた人びとの避難所とした。それから、これらの避難民の助けを借りて、みずから襲撃を組織した。捕虜を捕らえ、不運にも交戦中の王国のいずれかの手に落ちてしまったマダガスカル人同盟者の親族と交換することが、当初の目的であった。その過程で、捕虜の一部はマンハッタンから定期的に到着する商船に売り払われたのである。しかし、その数はニューヨークのフィリップスを満足させなかったようだ。パトロンであるフィリップスとアダム・ボールドリッジが交わした手紙の一部が保存されているが、そこにはフィリップスの憤懣やるかたない心もちが延々とつづられている。奴隷の数が少ないし、質も劣るのだ、と。

こうした不満にもかかわらず、それでも大量のマダガスカル人奴隷がこの街[ニューヨーク]に流れ着いたようだ。一七四一年、ニューヨークの植民地当局が市内で蜂起を準備する革命勢力のネットワークなるものを摘発したさい、それぞれの勢力が民族言語グループを中心に構成されていることが判明した。三つの大きな勢力のうち、一つめは西アフリカの言語(ファンテ語、パパ語、イボ語)の話者、二つめはアイルランド語の話者、三つめはマダガスカル語の話者で構成されていたのである。(11)

モーリシャスとレユニオンに砂糖プランテーションが設立され、近隣の市場が整いつつあることを知ると、フィリップスは、さらに圧力を強めた。かれがボールドリッジになにをつきつけたのかは定かではないが、よほどのことだったにちがいない。一六九七年までには、この老海賊は「男も女も子どもも」マダガスカル人の同盟者たち数十人を商船に誘い込み、鎖につないで大西洋を横断させるという自滅的裏切り行為に走るまでに落ちぶれていた。*2 この知らせが伝わると、地元一族《ローカルリネージ》の首長たちは、海賊に甘い顔をみせるのもここが限界と判断したようだ。数ヵ月後、サントマリーと本島の海賊集落がいっせいに攻撃される。サントマリーでは要塞が破壊され、約三〇人の海賊の喉がかっ切られた。海賊のうち、海路で逃げおおせたのはほんの一握りであった。海賊たちも、本島では襲撃者たちを撃退し（襲撃者たちは警告を発しようとしていただけかもしれない）、比較的かんたんに逃げおおせたようだ。そのうちのどこかでは、「襲撃を知らせる」密告があった可能性もある。少なくとも一箇所ではそうだ（のちのフルポワントであるアンブナヴラの大港町だったようだ）。マダガスカルの同盟者たちが望んでかれらを守ってくれたからである。(12)

　ボールドリッジは幸運だった。襲撃が起こったとき、かれはモーリシャスへの航海中だったからだ。一報を受けると、かれは、ただちにアメリカにむけて出航する。半年後、エドワード・ウォルシュという別の代理商人が後任となり、やがて数百人ものならず者であふれかえった島の町の繁栄がふたたび報じられるようになる。それでも要塞が再建されることはなかった。サントマリーからの奴隷貿易は途絶えてしまったのだ。不正にえたブツの処分もますますむずかしくなった。エイヴリー、そしてのちのキャプテン・キッド（かれもまたサントマリーを拠点としていた）の国際的な悪名は、やがてもっと断固とした行動をとるようロンドンとニューヨークの当局を動かした。犯罪者への便宜供与は違法とされ、実質よりは象徴的効果に重きをおいた討伐隊が派遣されたが、捕縛されたり絞首刑に処せられたりする海賊は一人もいなかった。その頃には、海賊のほとんどが本島に暮らしており、マダガスカル人との関係も変わっていたようだ。(13)

実在のリバタリアI——アンブナヴラ

このように一六九七年には、海賊の入植者たちも、それまでのヨーロッパ人入植者とほとんどおなじ命運をたどるところだった。本島の入植者たちが生き残ることができたのは、マダガスカル[先住民]の隣人たちとの良好な関係があったからにほかならない。奴隷商人に対する態度の変化はとりわけ劇的だった。サントマリーの対岸の海賊たちは、奴隷貿易に参加するどころか、実質的に奴隷貿易から海岸を守ることになった。というのも奴隷船を襲ったりひそかに乗っ取ったりすることと(たいてい海賊へと転じた乗組員の黙認や共謀とともに)が、あたらしい船を手に入れる主要な手段となったからである。このこと、そしてさらなる反乱への恐怖が、争いに対する海賊たちの姿勢に大きな変化をもたらしたようだ。地元の混乱につけ込んだ(なぜなら捕虜が確保できるから)ボールドリッジのような人物は、混乱を煽り立てることでも悪名高かった。ところが、ジョンソン船長のあげるいくつかの情報によるならば、それとは逆をいくことがみずからの利益にとって最善であることに、

＊2　「ボールドリッジは、先住民の反乱と海賊たちの死のきっかけとなった。ボールドリッジはサントマリーの先住民を男も女も子どももふくめて多数誘いだし、一隻または数隻の船に乗せてマスカリンまたはマスカロンと呼ばれるフランスの島[マスカレーニュ諸島のひとつ]に奴隷として売り飛ばしたのである。先住民たちはボールドリッジの裏切りに対し、海賊の喉をかき切って復讐した」(Testimony of William Kidd, May 5, 1699, in Jameson, ed., *Privateering and Piracy in the Colonial Period*, 187)

海賊はしだいに気づいたようだ。

ジョンソンの『海賊列伝』では、反乱以後のこの時期の偉大なる英雄はナサニエル・ノース Nathaniel North という男である。ノースはバミューダ人で、王室海軍に徴用されるすんでのところで、それを逃れ、一六九八年に反逆者 renegade となった。記録によれば、つねに控えめで並外れて良心的な海賊であった。波瀾万丈の冒険をくり返したあと、拿捕したインド船をディファイアンス〔挑戦〕号と改名し、五二門の大砲で武装し、その指揮官となる。言い伝えによれば、フォールドファンで錨を失った船は、一七〇三年のクリスマスにアンブナヴラと呼ばれる沿岸の湾に漂着した。ここはマダガスカルの重要な町だったようだ。いくつかの海賊の記録には、コメやその他の食料を買いもとめる船が立ち寄った場所として記されており、海賊のなかにはすでに入植を試みていた者もいたが、結局その計画は断念されていた。[*3] ノースは、再度挑戦してみる価値があると判断したようだ。船には、当初のインド人〔ムーア人〕乗組員が十数人残っていた。ある夜、船が無防備な状態になったとき、ノースはかれらにこうすすめた。このすきに、おまえたちの船を取り戻し、故郷に帰ればよい、と。かれらはその忠告にしたがって船をだした。翌日、ノースの部下たちは、船が消えていることに気づき、仰天し、ノースにそれを告げる。ノースは、かれらを不注意のかどでとがめ、あきらめるようにいいわたす。この一件はすんだことにして、クリスマスのお祭り騒ぎが終わると、ノースたちは状況の改善に努めはじめた。重要なのは、かれらが、陸上でもそれまでの組織を維持することを決め、ノースを入植地の「船長《キャプテン》」に選んだことである。こうして、ジョンソンによれば、ジタバタしてもしかたがないので、かれらは気を取り直し、陸揚げした財物を小さな距離をあけて建てたみずからの住居に運んだ。かれらはウシと奴隷を買い、たがいに隣人として五年間ここに住んだ。そして広い土地を開き、ヤムイモやジャガイモなどを植えた。ここの先住民のあいだではいさかいや戦争が絶えなかったが、海賊たちはそれを仲裁し、いがみ合っている者を和解させようと努めた。ノースは公平と厳格なる配分的正義への配慮をもって、たびたび先住民の争いを裁いた(かれはだれからも立派な人格を認められていた)。だから裁きに敗れた者でさえ、かれの公正な判断と決定には満足し納得するのが常だった［朝比奈一郎訳『海賊列伝』(下)三七八―七九頁］。

＊3　さらに重要なことは、サントマリー以外のこの地方で、かれらが言及しているのはこの町だけということだ。ボールドリッジは、一六九〇年にかれを最初にサントマリーにつれていった船が、その後コメを買うために「マダガスカルのブヌヴル Bonnovolo［アンブナヴラ］(サントマリーから一六リーグ［およそ八九キロメートル］)に立ち寄った」と記している(Fox, *Pirates in Their Own Words*, 345)。バレットという別の海賊は、仲間の乗組員と一六九七［九六］年にムーア人の船を奪ってサントマリーにそれを放置したあと、「マダガスカルのブヌヴルという場所にでむき、一六九八［九九］年四月までそこで暮らした」と証言している(Fox, 70)。つまり、アンブナヴラは海賊が到着する前からすでに主要な貿易港であり、少なくとも一六九七年までには海賊が定住していたのである(その後、一七〇三年に復活するまでは一時的に放棄されていたが)。これらのことは、この町が一六九七年の反乱に抵抗し、のちにフルポワントとして知られるようになった町であることを示唆するものではあるが、必ずしも証明するものではない。

以下の引用はまちがいなく誇張され、ロマンティックに描写されたものだが、ありえない話ではない。どのような種類の寄留外国人であれ、地元のいさかいの仲裁を依頼されることはまったく珍しい話ではないのだから。それに、海賊どうしの友好関係についての記述は歴史的事実に根ざしている。というのも、部外者がひんぱんに観察しているように、海賊は武装を怠らず、始終酔っぱらっていたが、それにもかかわらず、殴り合いにまでいたることはなかったからだ。

海賊たちは平和を好み、友好的な生活の範を示した。かれらはどんなもめごとも用心して避け、仲間どうしの不満の種になりそうなことはノースと一二人の判事の冷静な判断にゆだねた。このことが、それまで白人に対して大いに偏見をもっていた先住民から尊敬される結果となった。仲間どうしの調和を保つという点では、かれらは厳格だった。怒気をはらんでいたり不満な調子の言葉を口にしたりする者はだれであっても仲間の全員から非難を受けた。とくに、たとえそれがじぶんたちの奴隷であっても先住民の前でそのような言葉を吐くことはきびしく戒められた。かれらは結束と調和こそみずからの安全を守る唯一の方法と考えていたのである。これはまことにただしかった。先住民たちはほんのささいな隙でもみせようものなら、すぐにでも相手に襲いかかろうとしていたからだ。海賊たちが仲間割れでもしたならば、たちまちつけ込まれ、斬り殺されたにちがいない［同書、三七九頁］。

いいかえれば、かれらは地元の紛争における中立的な調停役を自任しただけでなく、ボールドリッジのような人物がマダガスカル人の内部分裂につけこんだように、マダガスカル人がじぶんたちの内部分裂につけこまぬよう、仲間どうしで憎しみ合うような態度を徹底して避けたのである。著者(ジョンソン、くり返しになるがダニエル・デフォーの可能性が高い)は、そのような配慮から生まれた即興による統治機関について詳細にわたって説明している。

誤解がもとで論争になったり、ぶしつけな言葉が発せられたりすると、仲間はただちに話を中止し、そのうちの一人が皆の前においた酒を地面に注ぎ、「争いは必ず仲間の損になる。これがもっと大きな損害にならぬよう、俺はこの酒を悪鬼 evil Fiend に捧げよう」という。争いの当事者双方は、翌朝ノース船長のところへ出頭するよう告げられ、それまでは各々の自宅で謹慎を命ぜられる。それに従わなければ仲間から追放され、島の別の場所に送られることになる。

翌朝、当事者双方が出頭し、白人全員が招集される。ノース船長は原告と被告を一方におき、「加害者がおこないをただすことを約束し、被害者が憎しみを忘れるまでは、われわれは、おまえたちをわれわれ全体の敵と考えなければならず、おまえたちをわれわれの友や仲間とみなすわけにはいかない」と言い渡す。そして列席者全員の名前を紙片に記し、それを巻いて帽子のなかに入れる。各当事者は帽子をよくふってから、紙片を六つずつとりだす。こうして選ばれた一二の紙片に名前を記された者が判事となり、船長を助けて証人喚問し事件を審理するのである[同書、三八〇―八一頁]。

マダガスカル人には争いが起きていることを悟られないよう、すべて秘密裏におこなわれた。この説明によれば、後日、問題は裁かれ、罪状に応じた罰金が科せられた。つまり、基本的には、海賊が個人的に蓄えていた財宝のシャッフル［再編成］がおこなわれたのである。

「悪鬼への捧げもの」なんて、ショック効果を狙ったでっちあげじゃないかとおもわれるかもしれない。著者は（よくあるように）ブルジョアの読者に、最悪の非道な犯罪者であっても、あなたがたより善良でありうる事例をみせつけて、挑発しようとしているのだ、と。しかし、これからみる『海賊列伝』のおなじ章にあるマダガスカルの儀礼にかんする記述がそうであるように、これが正確な描写である可能性もある。[*4]

ジョンソンはさらに、アンブナヴウラがサントマリーとおなじように主要な海賊の拠点に成長したこと、ノースとその部下たちが近隣のマダガスカル「諸部族」や島の南北部の君主たちと同盟をむすんだこと、さまざまな地域紛争に巻き込まれたこと、ノースが結婚して三人のマダガスカル人の子どもをもうけたことなどを述べている。一七〇七年に一時的に掠奪を再開したあと、ノースは本当に引退するが、やがて（おそらく一七一二年頃のことであろうが、確証はない）、先だっての紛争の復讐にやってきたマダガスカルの一団にベッドの上で殺害された。

これらの詳細のほとんどを、わたしたちは『海賊列伝』や当時よく読まれていた公刊物のみからしか知る術がない。ジョンソンの言及しているマダガスカル人諸集団の実態はいかなるものか、あるいは、ジョンソンの記述した出来事がマダガスカル史の流れのうちにどう位置づけられるのか——おどろくべきことに、マダガスカル史の専門家たちは、正確につきとめようとほとんどしていない。アンブナヴラの地理的位置ですら確証されていないのだ。しかし、アンブナヴラがサントマリーの南三〇マイルに位置する大規模で長い歴史をもつ集落であったといわれていることから、のちのフェヌアリヴ Fenoarivo かフルポワントのどちらかであったことはまちがいないだろう。モレ＝ソーヴァジェ[(14)]の説得力ある議論によれば後者である。[*5] しかし、みずからの富と華美を社会正義の感覚とむすびつけ、それによって平和な調停者としての地位を確立するというあたらしい海賊の役割が、エイヴリーという人物をめぐってすでに流布していたユートピア幻想にどのように寄与したかについては、容易に想像がつく。ジョンソンの物語では、海賊は隣人たちから王族のように扱われている。しかし実際には、海賊たちは船上で最初に開発された民主主義的な制度を、陸上でも通用するかたちに変えることに熱意をかたむけているようにみえる。そして後述するように、マダガスカルの隣人たちがその先例《イグザンプル》に影響を受けたと考えるのも、十分な理由があるのである。

＊4　のちにノースは、子どもたちにはキリスト教的な教育を受けさせようとしたと記述されているにしても(Johnson, *A General History*, 555［『海賊列伝』(下)三九四頁］)。
＊5　モレ＝ソーヴァジェによれば、海賊たちはこの場所を「アンブナヴラ岬 Ambonavola point」と呼び、それが「ブナヴラ岬 Bonavola point」(発音は「ブーナヴール」)となり、さらに言葉遊びで「愚者の岬 Fool's Point」となったという。交易に使用される言葉がフランス語になると、これが"Foulpointe"と表記されるようになった。Allibert, *Histoire de la Grande Isle Madagascar*, 471n11と比較されたい。もしアリベールのいう通り、アンブナヴラがフルポワントではなく、その近くのフェネリヴであったとしても、議論にたいした影響はないだろう。

さらなる偽王、ジョン・プランタン

海賊のマダガスカルへの入植の歴史を正確に記すことは、ほとんど不可能である。当時大衆むけに書かれた物語《ナラティヴ》と、イングランドやアメリカで海賊行為により捕縛された者のたいていそっけない証言もふくむ、ほんの一握りの裁判文書以外に、資料はほとんど存在しない。おなじ出来事に複数の証言が存在するばあい、概して相互に矛盾している。一般に流布した物語は、たいてい露骨にセンセーショナルできわどい。しかし、だからといってそれらがまったくのデタラメだというわけではない。というのも、センセーショナルな出来事が、相当数起こったこともあきらかだからだ。マダガスカル側の視点からおこなわれた研究はおどろくほど乏しい。それゆえ、わたしたちはいくつかの小窓を通して非凡なる出来事をかいまみることしかできないのである。

それでも、いくつかは、疑問の余地なき基本的事実がある。バッカニアたちは、英仏両政府が本格的に掠奪の取り締まりに着手する一七二二年頃まで、マダガスカル経由で「海賊周航《パイレート・ラウンド》」をつづけていた。なかには［海賊行為を］やめて、レユニオンに引退した者もいた。レユニオンでは、総督が、戦利品の分け前をすすんで受け取って、見返りに海賊に恩赦を与えていたのだった。ある者はサカラヴァ王の顧問となり、ある者は海賊アブラハム・サミュエル Abraham Samuel の助手となった。このアブラハム・サミュエルなる人物は廃墟と化したフランス人入植地フォールドファンからほど近い旧マティタナ Matitana 王国の王位に一時的に就いていたのだ（現地民の策略によって）。しかし、北東部に残ることを選びつづけた人びとのほとんどは、ノースのように独自の集落をつくるか、マダガスカルの家族とともに移り住むことを望んだ。

海賊のコミュニティをつくった者のなかには、王を名乗り、妻を土地の王女と見立てながら島全体の支配権を主張するという、そんなおおぼら吹きもいた。今日最もよく知られているのは「ランター湾の王」ジョン・プランタンである。なぜ知られているかというと、クレメント・ダウニングという東インド会社の代理人が、著書『インド戦争概史 *A Compendious History of the Indian Wars*』(一七三七年)で、その行状を広範囲にわたって記録しているからである。本来の主題から脱線し、マダガスカルの記述に大幅に紙幅を割いているこの著書によれば、かれがプランタンと出会ったのは一七二二年だった。ダウニングはプランタンを、ならず者《スワッシュバックラー》の典型のごとく描写している。プランタンは粗末ないでたちで、二丁のピストルをズボンにさしこんだまま、ダウニングを迎えるのである。

プランタン、ジェイムズ・アデア、ハンス・ブルゲン(デンマーク人)の三人は、ランター湾に堅牢きわまりない要塞を築き、広大な土地を手中に収めていた。なかでもプランタンは最も多くの金《かね》を所持しており、ランター湾の王を自称、先住民はこぞってプランタンを称える歌をうたった。かれは多くの住民を服従させ、意のままに支配しているようにみえたが、兵士に報酬をたっぷりと与えて大いに満足させていたのだった……。

プランタンの屋敷は、土地の自然のゆるすかぎりでめいっぱい壮大につくられていた。さらに、かれは自身の生活とたのしみのために、多数の妻や召使いをつれており、大いに手なずけていた。イングランド式に、かの女たちをモール、ケイト、スー、ペッグなどと呼んでいた。この女たちは最高級の絹を身にまとい、なかにはダイヤモンドのネックレスをつけている者もいた。かれは自身の領地からたびたびサントマリー島を訪れては、エイヴリー船長が築いた要塞の一部分の修復を引き受けた[15]。

プランタンがマダガスカルに腰を据えたのは、ちょうどヘンリー・エイヴリーの伝説が世に最も鳴り響き、架空の海賊政府の代理人が同盟関係をもとめてヨーロッパの宮廷から宮廷へと飛び回っていた頃である。だからこの引用文には「エイヴリーの要塞」という文言がみられるのである。もちろんこれは、実際には一六九七年の反乱で破壊された、サントマリー港のアダム・ボールドリッジの古い要塞のことである。プランタンは、あの手この手で、存分にこの伝説を利用したようだ[＊6]。ダウニングの描写は一見信憑性があるようにみえるが、この物語に登場するほとんどすべてが、だまされやすいよそもの［ダウニング］を感心させるためにしつらえられたおおぼらである（ダウニングの記述で最も生彩に富んだ細部のひとつは、プランタンの征服を賛美する歌をうたうマダガスカル人の合唱隊である。「そして、ほとんどすべての一節が「ランター湾の王プランタン《プランタン・キング・オブ・ランターベイ》」という句でむすばれた。プランタンは、先住民の大群が演じるダンスと同様、その歌に大いに満足しているようだった[16]」。ダウニングはマダガスカル語を話せなかった。それゆえわたしたちには実際の歌詞がどのようなものだったか、知りようがない）。

ダウニングはまた、プランタンのマダガスカル人部隊の司令官、かれが「モラット［ムラート］・

トム Molatto Tom」、あるいは、端的に「若きエイヴリー船長」と呼ぶ男(というのも、その人物は、かの伝説的海賊の子息を名乗っていたからである)との面会も記述している。

このモラット・トムは、その姿をみるだけでふるえあがるほど、非常に恐れられていた人物だった。かれらはしばしばモラット・トムを王に仕立てようとしたが、かれはけっしてその称号を引き受けようとはしなかった。かれはとても手足のすらりとした感じのよい顔つきをした、背の高い男であった……。かれはマラバールやベンガルのインド人のような長い黒髪をしていたので、わたしはかれを、ムガルの皇帝の娘を乗せたムーア人の船から連行したインド人女性の幾人かと交わったエイヴリー船長の息子ということもありうると感じた。これはまったくありそうなことだ。なぜならかれは……幼いときに母親は死んだと聞いた、だから母親のことを

*6 少なくともプランタンは実在の人物である(一七二〇年にプランタンに会ったリチャード・ムーアの証言(Fox, *Pirates in Their Own Words*, 212)をみよ)。ダウニングは、完全とはいえないまでも、じぶん自身が目撃したものの叙述にかんしては、概してかなり信頼できる人物である(Risso, "Cross-Cultural Perceptions of Piracy")。ユベール・デシャン(Deschamps, *Les pirates à Madagascar*, 175)は、プランタンが村人から与えられたある称号に惑わされ、実際に自身を王だとおもい込んでいた、と示唆している。その称号とはパンザカ *mpanjaka* であるが、実はそれは行政権をもつ人間のほとんどすべてに与えられた肩書きであった。しかし、デシャンよりも妥当な解釈は、つぎのようなものである。要するに、ダウニング提督はなんのためにマダガスカルに遠征したのか。海賊の根絶のためである。だから、プランタンはともかく提督にいい印象を与えなければならなかった。ところが、どうやら提督はじぶんの話をことごとく信じているようだ。そこで、どれだけバカげたウソを押し通せるか試してみた、と、こういうわけである。

おもいだせない、と、こういっていたからである……[17]。

くり返しになるが、エイヴリーは実際にはインドの王女をつれてマダガスカルに帰還してなどいない。だから、これは純粋な空想にすぎない。しかし、かれをもてなした人びとが、どこまでだませるか競い合うように、この世間知らずのイングランド人を大いにからかっているのもあきらかなようだ。ダウニングは、かれらの話すことすべてを愚直に記録している。プランタンが、サカラヴァ王トゥアカフ Toakafo(「海賊たちが「のっぽのディック Long Dick」あるいは「王さまディック King Dick」[†4]と呼んでいた人物」[18])の孫娘との結婚を拒絶されたあと、王と戦争をおっぱじめたこと。この戦争で、プランタンの軍隊は、左翼にはスコットランドの旗、右翼にはデンマークの旗を掲げ、島を右往左往しながら、どんどんわけがわからなくなる複雑怪奇な作戦にハマってしまったこと、そして、おびただしい殺戮、巧妙な策略、おぞましい処刑のあげく、マスラージュ Masselage 港、サントーギュスタン港、フォールドファン、その中間に位置するすべての港を確保するにいたったこと。かくして、プランタンはいまやマダガスカル全島を支配しているのです、というのだった。

この説明が終わりにいくにつれ、ダウニングの記述は当初のものとほとんど矛盾するようになる。というのも、勝利のあと、プランタンは「王さまディック」の孫娘(かの女のイングランド人の父にちなんでエレノア・ブラウンと名づけられた)と結婚したと、ダウニングは記しているからである。このエレノア・ブラウンは、熱心なクリスチャンであり、結婚したとき、すでに別の男の子どもを身ごもっていたにもかかわらず、プランタンはかの女を心から愛していた。かれは妻や召使いにいばり

ちらすことなく、

家内のすべてをかの女にまかせ、愛人たちを放逐した……。かれは所持していた最も高価な宝石とダイヤモンドでかの女を飾り、二〇人の女奴隷を与えてかの女に仕えさせた。クリストファー・ライル氏はこの女性と親密だったが、そのためプランタンはかれをその場で射殺したのだった。(19)

お話《ストーリー》は、数年後に集められた船員たちの噂話で終わる。行間を読むまでもなく、実際にはなにが起こったのか、想像がつく。「マダガスカル大王」を僭称し、通りかかった英国船に大勢の捕虜を売り払ったあと、プランタンは自身の立場がボールドリッジとおなじようにヤバくなってきたことを悟ったのだ。おそらく「将軍」トムから、おまえも近いうちにおなじ運命をたどるだろうと警告されたのだろう。妻子をつれてランター湾を脱出。インドに移住したのだった。

†4　ここでのDickには、多くの人が予期するかもしれない男性性器の含意はない。Richardの短縮形であるDickが「ペニス」を意味するようになったのは、この時代をかなりくだってから、一八八〇年代のことらしい。

年代にかんするいくつかの問題

ジョン・プランタンにかんするダウニングの記述で最も注目すべきは、その出会いが一七二二年であるという点だ。かれが「モラット・トム Molatto Tom」と表現している人物は、あきらかにラツィミラフである。ラツィミラフはイングランド人海賊の息子で、外国人には「トム・ツィミラフ Tom Tsimilaho」、あるいはたんに「トム Tom」と呼ばれていた。マダガスカル生まれの海賊の子どもたちは、英語でいう「ムラート mulatto」に由来する「マラタ Malata」として知られていた。だから、「モラット・トム」がラツィミラフ以外のだれかである可能性はきわめて低い。しかし、こうなると、モラット・トムとプランタンがダウニングに話したお話が悪ふざけであった可能性は、もっと高くなる。というのも、一七二二年あたりに実際に北東海岸の王だったのは、海賊ではなくラツィミラフだったのだから。

現在一般に認められている歴史的記述によれば、一七一二年から一七二〇年にかけて北東部では、二つの競合する連合体のあいだで、長期にわたる戦争が起こっている。[*7] かたや、ラツィミラフが指揮するベツィミサラカ、かたや海岸の港を掌握していたラマンガヌ Ramangano なる軍事指導者が指揮するツィクア Tsikoa ないしベタニメナ Betanimena。これらの戦争は、激化しながらベツィミサラカの圧勝に終わる。しかし、もしこれが本当なら、ラツィミラフはダウニングに会ったとき、すでに二年にわたって北東海岸のぬきんでた支配者であったはずだ。だから、なんらかの理由で

（おそらく、たんなるたのしみのために）このジャマイカの冒険家「プランタン」に仕える一介の将軍のふりをすることにしたのだろう。

では、どんな王が一介の将軍のふりをするのだろうか？ ラツィミラフの生涯にかんする主な資料は、ニコラ・メイユール Nicolas Mayeur というフランス人作家が一八〇六年に書いた報告書《ナラティヴ》である。メイユールはこの報告書を、一七六二年から一七六七年のあいだ、当時ベツィミサラカ王国の首都であったタマタヴに滞在していたさいにおこなった王の昔の仲間への取材《インタビュー》にもとづいて執筆している[20]。そこでのラツィミラフの生涯の描写は、きわめて美化されてはいるものの、長大かつ詳細である。この時代のマダガスカル史の標準的教科書の基礎とされているのも無理はない。しかし、この標準的な記述と、ダウニングの著作のような同時代の記述とを整合させるのはきわめて困難なのである。

メイユールが調査をおこなうにいたった経緯がすでに、この地域に特徴的な帝国気どりの大仰なドタバタ世界、歪んだ鏡でしつらえられた混沌世界をかいまみせている（一世紀のちでもいまだ変化はなかったのである）。メイユールはフランス人の奴隷商人で冒険家であったが、マダガスカルで育ち、マダガスカル語を流暢に話した。ラツィミラフの調査をおこなった当時、かれはモーリス＝オーギュスト・ド・ベニョフスキー伯爵にスパイとして雇われていた[†5]。シベリアの牢獄から脱獄してフラ

＊7　この年代はニコラ・メイユールによって最初に提起され、アルフレッド・グランディディエ(Grandidier, *Ethnographie*, vol. 4, bk. 3, 184n2)が裏づけた。

ンスに渡り、ルイ一五世を説得して、自身をマダガスカル征服計画の責任者に任命させた、ポーランドの貴族である。ベニョフスキー伯爵は、ランタベからほど近いアントンジル湾の村(「ルイヴィル」とベニョフスキーは改名している)に居を構え、征服のためと称してフランスに物資を請求しはじめた(かれは定期的にヴェルサイユの宮廷にその要望を書簡で伝えている)。たとえば一七七四年九月、かれはわずか一六〇人の兵士で、島のほぼ全域を占める三二の州からなる王国を確保したと報告している。そこから四〇〇万フラン近い貢納を徴発している、と。(21) いうまでもなく、これらの報告は純粋なる空想《ファンタジー》である。既存の証拠によれば、ベニョフスキーはポーランドの伯爵などではなく、ハンガリー人の詐欺師であった。かれはフランスから送られた食料を使って周囲の村人を買収し、じぶんが王であるかのような芝居につき合ってくれるよう依頼していたのだった。そしてそのうえで、マダガスカルの王として世界中を遊び回っていたのである(たとえば、一七七七年にはパリで、ベンジャミン・フランクリンとひんぱんにチェスに興じ、一七七九年にはアメリカで、わが王国を革命の大義に捧げようと申しでている)。

問題は、ベニョフスキーがマダガスカルの実状をほとんど知らなかったため、王室当局からたびたび疑いをかけられることだった。少なくとも一回は調査団が派遣されたが、「伯爵」はもてる力をふりしぼって結果を隠蔽したようだ。ベニョフスキーは報告書をより現実味のあるものにするため、当時奴隷商人として活動していたメイユールに報酬を支払い、島周辺の政治状況について詳細な報告書を書かせるようになった。(22) メイユールはベニョフスキーの依頼に応じ、その結果、この時代のマダガスカル史の理解のために貴重な情報を与えてくれる記録が多数残されたのである。要するに、マダガスカルにかんする最初の本格的な民族誌的記録は、ありもしない業績の捏造をよりもっともらしくするために、詐欺師がスパイに書かせたメモなのだった。ベニョフスキーに雇われていた頃、メイユールはベツィミサラカ連合の起源とラツィミラフの英雄譚に魅了され、王の初期の側近をふくめ一七一二年から一七二〇年にかけての戦争にかんして現存する目撃者に可能なかぎり取材をおこなったようだ。一八〇六年頃には、メイユールはレユニオン島で隠居生活を送っていたが、フロベルヴィルという読書好きな地元の人物に説得され、一二〇ページ(フロベルヴィル自身によるたっぷりの学術的脚注つきで)にわたってラツィミラフの生涯を記録した手書きの大部の著作『フルポワントとベツィミサラカの王ラツィミラフ伝 *Histoire de Ratsimila-hoe, roi de Foule-pointe et des Bé-tsi-miçaracs*』を書きあげた。

この草稿はいまだ未公刊のままである。それゆえ、ほとんどの学者が過去一〇〇年ほどのあいだ、概要にたよってきた[23]。それでも、メイユールの証言は基本的典拠となった。メイユールによれば、ラツィミラフの父トムはまず息子をイングランドに送って教育を受けさせようとするが、少年はすぐにホームシックにかかり、故郷への帰還をもとめた。父親からマスケット銃と弾薬の一式を受け取ると、かれはみずから未来を切り開きはじめた。当時、フルポワント周辺の一帯は、南部を拠点とするツィクア連合の首領であるラマンガヌという暴君の支配下にあった。ラツィミラフは反乱を

†5　日本の幕末史にも足跡を残した、この稀代の詐欺師(一七四六―八六)の自伝には翻訳がある。水口志計夫・沼田次郎訳『ベニョフスキー航海記』東洋文庫、一九七〇年をみよ。

起こす。というわけで、草稿の二四章のほとんどが、反乱につづく戦争(八年間つづき、数千人もの死者をもたらした)の詳細で占められている。ラツィミラフはこの戦争を通じて、(かれ自身の才気とカリスマ性によるところが大きいとメイユールは熱く語る)ベツィミサラカ Betsimisaraka(「分断されざる多数の人びと」)と呼ばれるあたらしい政治組織を創設し、一七二〇年の最終的勝利のあと、北東部全体を単一の政府のもとに統合した。これらの戦争を通じて、ラツィミラフ自身はまず暫定的な最高指導者に選ばれ、ついでラマルマヌンプ Ramaromanompo(「多数にかしずかれし者」)という称号で終身の王となる。最終的にラツィミラフは、北東部全域を単一の開明的君主政のもとに統一し、サカラヴァ王(マタヴィ Matavy すなわち「太っちょ」)の娘と結婚し、世継ぎ(ザナハリ Zanahary すなわち「神」)をもうけた。長きにわたる穏やかな治世ののち、一七五〇年に五六歳で死去した。

このあやかしの迷宮にあって、ラツィミラフは、実際に本物の王であった唯一の人物であるようにおもわれる。さらにいうと、ラツィミラフの治世のあいだ、ラツィミラフの同胞であるザナマラタたちは、みずからの[係累]内部での婚姻を重ねながら、徐々に自称貴族の地位を固めていった。少なくともその後一世紀はそうであった。しかし、一八世紀後半には、モーリシャスとレユニオンのプランテーション島を拠点とするフランス人奴隷商人にあやつられ、かれらはいがみ合うようになった。ラツィミラフの後継者たち(ザナハリ、一七五〇—六七年、イアヴィ Iavy、一七六七—九一年、ザカヴラ Zakavola、一七九一—一八〇三年)は、事態を掌握することができず、王国は崩壊する。かくして、ラツィミラフのプロジェクトは結局失敗に終わったというのが、歴史家たちの一般的な見方である。サカラヴァのような本格的なマダガスカル王朝になるための適切な儀礼的基盤をラツィミラフが用意できなかったからだという説[24]もあれば、（海賊の時代にはじまったばかりの）モーリシャスやレユニオンの新興プランテーション経済による奴隷需要の圧力に呑み込まれたからだという説[25]もある。やがて、腐敗した指導者たちは、フランス人奴隷商人への借金返済にあてる捕虜を確保するため戦争の理由をでっちあげ、みずからの領内の村落を襲うようにさえなった。結局、王国は始終いがみ合う複数の政体に無秩序に分裂し、一八一七年にはラダマ一世 Radama I の軍隊にたやすく吸収されてしまう。タマタヴはメリナ Merina 王国の第二の都市となり、首都への玄関口としていまにいたる。残りのベツィミサラカの地域は、すぐに植民地時代のごとき様相を呈することになった。すなわち、（クローブ［チョウジ］、バニラ、コーヒーなどを世界市場むけに生産する）外資系プランテーションの支配する地域と、集権的権力となればなんでも拒むことで悪名高い住民をもつ人里離れた農村地帯との混在がみられるようになったのである。

さて、これがマダガスカルの歴史書の標準的記述である。たいていの歴史書では、海賊に一章が割り当てられ、その子どもたちに別の一章が割り当てられる。ラツィミラフとラマンガヌの戦争がはじまる頃には、あたらしい［海賊の子ども］世代に地位は継承されていることになっている。しかし、シンプルな出来事の時系列《タイムライン》を検証してみれば（巻末参照）、従来の見解がただしくないことはあきらかだ。

第一に、メイユールが主張し、その後の歴史家たちが認めているように、ベツィミサラカ連合創設の戦争が本当に一七一二年から一七二〇年までつづいたのであれば、サントマリーとアンブナヴラの海賊居留地は当時まだ現存していたはずである。第二に、一七一二年の連合創設に海賊の子どもたちが大きな役割をはたしたとは考えにくい。ラツィミラフ自身は当時一八歳であったといわれているが、あきらかに例外的な人物である。それ以外のマラタのなかに、二一歳以上の者はいなかったし、その大半が、入植地で両親と暮らす子どもたちだったにちがいない。そして実際、メイユールの記述では、マラタ自身は事件の展開にほとんど関与していない。

つまり、ここでわたしたちは、現役の海賊たちと密着して暮らす、マダガスカルの政治的アクターによって創設された政治的諸制度をみているのである。メイユールの説明では、「白人たち」は個人として登場することはなく、せいぜいすみっこの幽霊のような存在にとどまっている。しかし実際には、少なくとも間接的に事件の経過に関与していたことはほぼまちがいない。

最後に、当時の外国人観察者たちがラツィミラフにあてがった役割は、奇妙なほど混乱している。たとえば、ラツィミラフは一七一二年に解放戦争をはじめたといわれている。しかし、戦争のさなかの一七一五年、オランダ商人たちは、ブイナのサカラヴァ王トゥアカフ(プランタンの報告での「のっぽのディック」)の重臣として同名の人物(「トム・ツィミラフ」)を報告している。一年のちに、かれはアントンジルの地方長官として、レユニオンからやってくる難破したヨーロッパ人を救済に馳せ参じている。しかし、その後一七二二年には、ド・ラ・ガレジエールが、かれを北東部全体の王であると主張している。ところがそのいっぽう、クレメント・ダウニングは、ランタベを支配する自称海賊王の軍司令官にすぎないともいっている。一一年後には、フランス人の観察者の幾人かが、かれがその地域の多くの首長のうちの一人にすぎないという印象を語っている。また、実際に、東海岸全体の王であると報告する人びともいる。

これらの観察者のうち、少なくとも幾人かは、たんに混乱していただけであるのはまちがいない。しかし、少なくともいくつかのケースでは、マダガスカル人とヨーロッパ人の情報提供者が、あえて攪乱しようとしていたのもあきらかだ。たとえば、一七三三年、フランス東インド会社の技師としてアントンジル湾に派遣されていたシャルパンティエ・ド・コッシニーは、そこで「ボールドリッジ王 King Baldridge」なる人物に出会っている。おそらくサントマリーの有名な海賊王の子息だろう。ボールドリッジ王は、この地域にはじぶん以外に二人の王がいると主張した。「ターメ・ツィマラウ Thame Tsimalau」［ラツィミラフ］と無名のデ・ラ・レイである。腹蔵のない人物であるボールドリッジ・ジュニアとは異なり、ラツィミラフは無愛想で不愉快な人物と感じたと、コッシニーは記している。

これをどう考えればいいのだろう？ ラツィミラフが本当に支配していたのはこの地域の一部だけだったのだろうか？ それとも、ボールドリッジが虚勢を張り、ラツィミラフがそのボールドリッジの主張にいらだちまじりの反応をした［「無愛想で不愉快」にみえる態度をとった］だけなのだろうか？（それにそもそもこの「ボールドリッジ王」が本当にアダム・ボールドリッジの子孫なのか？ それともかれはウソをついていたのか？）

確実にいえることはなにもない。だが、いずれにしても、ここには当時ユーラシア大陸の大半でおなじみであった主権とはまったく異質な観念がみてとれる。ヘンリー八世やスレイマン一世の支配下で、このような虚勢を張る［王だと言い張る］地方総督がいたら、たちまちその首は皿の上に載せられていたことだろう。実際、このような詐称が可能であり、かつありふれていたとわたしが考える理由のひとつは、数百人、緊急時には数千人の戦士を召集する能力以外に、これらの王国のどれも社会的基盤をあまりもたなかった点にある。西方のサカラヴァ王は別である。森林を伐採し、農地をウシの巨大な群れのための牧草地に変えることで地域の景観を変貌させ、それによって臣民の社会的関係を完全に再構築する力をもっていたのだから。それに対し、この時代のマダガスカルの「王」のほとんどは、「泡《バブル》」のなかに暮らしていた。その「泡」は、かれらの掠奪的行動によって獲得された壮麗なる装飾品で飾り立てられていた。ところが、みずからの「臣民」たちの日常生活に組織的に干渉する、そのような真の力はなかったようなのだ。

もちろん、わたしたちのこの世界では、古来より、大口をたたくならず者の小王たちはめずらしいものではない。しかし一七世紀から一八世紀にかけてのマダガスカル北東部の特殊な状況は、そうした[王様]ゲームにとって異例なまでに好ましい環境であった。海賊行為による膨大な戦利品のおかげで、小王たちは、自身の居住地以外の場所で大量の労働力を動員する術をまったく欠いていたにもかかわらず、(金や宝石、ハーレム、集合舞踊などの)王宮のシンボリックな外見をすべて整えることができたのだ。たとえば、メリナやサカラヴァの王であれば、王国のあらゆる名門の代表者を呼び寄せ、自身の家屋や墓を建てさせたり、王室儀礼に出席させたりすることができた。ところが、ボールドリッジやノース、プランタン、ベニョフスキー、あるいはラツィミラフですら、そのようなことが可能であったと考える根拠はまったく存在しないし、またかれらが本当にそのようなことを望んでいたと考える理由もない。ラツィミラフが権勢のきわみにあったときでさえ、わたしたちが国家とみなすようなものを指揮していたという証拠はないのである。

しかし、ラツィミラフのケースとそれ以外のケースには、ひとつだけ大きなちがいがある。ベツィミサラカ連合の台頭は、より広範囲の社会に対していくつかの甚大なる影響を与えたということだ。ただしふつう「王国の建設」がもたらすとされるような影響とは、ほとんど正反対の点においてて。一七世紀後半に海賊たちがマダガスカルに到着したとき、かれらが遭遇したのは、たえまない内戦にみまわれ、司祭カーストのようなものに支配され、新興の戦士エリートがヒエラルキー的身分に転化しはじめていた、そんな社会であった。この社会には共同体的要素はあったが、いかなる意味でも平等主義とは呼べなかった。対照的に、ラツィミラフの支配する社会は、多くの点でそれまでの社会よりも平等主義的であったようなのだ。

海賊の到来は、一連の反応を惹起した。まず、マダガスカルの女性たちによる商業の担い手たることの主張。つぎに、この変化に対する若い男性による政治的反発。ラツィミラフは実質的にそのような若者の象徴的な存在となり、それが最終的に今日のベツィミサラカ社会の形成につながった。さて、第二部では、マダガスカル人の目に、こうしたあれこれがいったいどのように映ったのか、考察してみよう。

第二部

マダガスカル人の目に映った海賊の来訪

アブラハムの子孫たちに抗する性革命?

インド諸島の島のひとつに暮らす魔法使いが、野蛮だが気高い気性の海賊の命を救う。

——亡き夫の未完の執筆プロジェクトにかんするメアリー・シェリーのメモより。[†1]

海賊たちがマダガスカルを拠点として紅海を荒らし、インド洋を横断して少なくともマラッカまで到達したいっぽう、その何世紀も前から人びとは逆方向に移動していた。とくにマダガスカル東海岸の中世史は、新移民の波の断続的な到来によって特徴づけられている。移民たちのそのほとんどが、ムスリムの子孫であると主張し、儀礼[を司る]貴族、ないし商業[を司る]貴族、あるいは政治[を司る]貴族(あるいはその三つすべて)としてその地位を確立した。たとえば南東部では、ジャワ島か

†1　以下、仏語版訳注より。「『フランケンシュタイン、あるいは現代のプロメテウス』の作者メアリー・シェリーは、一八二二年にヴィアレッジョ沖で溺死した偉大なる反逆的ロマン主義者の詩人パーシー・ビッシュ・シェリーの寡婦だった。シェリーが海賊小説執筆の構想を抱いたのは、元私掠船 corsaire の冒険家エドワード・ジョン・トレローニーとの交流があったからにちがいない。シェリーの遺体はつりあげられ、親友のバイロンとトレローニーの立ち会いのもと、火葬にふされた。かれらはその直後、ギリシア独立戦争に参加することになる。以下を参照せよ。Shelley, *Écrits de combat*(L'insomniaque, 2012)および Trelawny, *Les Derniers Jours de Shelley et Byron: Souvenirs*(José Corti, 1995)」

スマトラ島に由来をもつとおぼしきザフィラミニア人Zafiraminiaが、アラビア太陰暦に根ざした占星術の専門知識に拠って権力を握り、くわえて家畜の屠殺を独占した。こうしてかれらは、主要なすべての儀礼行事の監督役を担う権限を確保するばかりか、生まれたての家畜貿易を掌握し、少なくとも一六世紀以降、マダガスカルに立ち寄るようになった商船に食料を供給しはじめるのである。ポール・オッティーノは、〔ザフィ〕ラミニア人は、もともと神秘主義指向のシーア派難民であったと論じているが、それにも一理ある。[1] たとえば、かれらの同名の始祖〔ラミニア〕は神によって海の泡から創造され、預言者ムハンマドの妹〔娘のまちがいか〕であるファティマと結婚したといわれている。最初期のポルトガル人観察者たちには、その壮大な宇宙論的主張がきわめて異様なものに映ったため、かれらをムスリムと呼ぶことをためらった。そして一五〇九年から一五一三年にかけて、おなじポルトガル人たちは、東アフリカからこの地域にスンニ派のあたらしい〔移民の〕波があらわれていることに注目している。この移民は、対立する王国、アンテムルAntemoro〔アンタイムルAntaimoroともいう〕を創設すると、すぐに異端であるラミニア人の根絶にのりだした。やがてアンテムル人は、マダガスカル随一の知識人と占星術師としての地位を確立し、その知識をスラベ*sorabe*と呼ばれるアラビア文字の書物に残すことになる。かたやラミニア人はその後ちりぢりとなり、最終的には、ブイナとメナベのサカラヴァ王国を建設したザフィンブラメナ系Zafimbolamena lineageをふくむ、一連の南部王朝の祖となった。[2]

　これらの移民については、これまで延々と議論されてきた。あまり注目されていないが、さまざまな新参者《ニューカマー》の家父長制的感性と、かれらが支配下においた現地人や近隣の現地人の比較的ゆるやかな性道徳《セクシュアル・モーレス》とのあいだに、ひんぱんに衝突があったようだ。たとえば、アンテムル人の年代記には、先住民が「母親の血統に属する」ことへの不満が述べられている。[*1] くわえて、ザフィラミニア人を一掃するアンテムル人の戦略のひとつは、成人男性を殺害し、捕虜となった女性を隔離して、敬虔な子孫を残すようにすることであった。[(3)] 一九世紀になってすらも、アンテムル人は、男女問わず青少年の性の自由が自明視されているマダガスカルの人びとのなかにあって、婚前処女に固執することで有名であった。未婚の少女が妊娠したとして、子どもの父親がただしい血筋のムスリムであることを証明できなければ、石打ちにされるか溺死させられた。[(4)] 対照的に、男子はおとがめなしである。地元の言い伝えによれば、住民を最も怒らせたのがこうした性的制約である。そしてそれは、一九世紀の反乱の直接の火種となって、王国の息の根をとめた。

ポール・オッティーノ[(5)]は、マダガスカル神話の起源をアラブ、ペルシア、インド、アフリカの哲学からなる多様な系譜のうちにたどろうと試みてきた。これらの議論のふくむところを正確に理解するのはむずかしいが、一点だけはっきりしている。マダガスカル島は知的潮流をふくめ、けっして世界から孤立していたわけではなかったことだ。インド洋の他の地域からひんぱんに訪問者があり、定期的にあらたな移民が流入していたからである。それと同時に、こうしたよそからの侵入者の多様な系統は、ごくわずかの例外をのぞいて、最終的にはより大きなマダガスカル文化のうちに吸収された。数世代もたたないうちに、新参者たちは元の言語や文化的特徴を忘れ去り(たとえば一

*1 おそらくここでは母系 matrilineally ではなく双系 cognatically という意味でいわれているのだろう。

七世紀にはアンテムル人でさえコーランにふれなくなっていた)、そのかわり、弁論から稲作、手の込んだ割礼や埋葬儀礼にいたるまで、マダガスカル全域にかなり標準的な一連の慣習の、そのローカルな形態のいずれかを取り入れるようになった。移民たちは、ほとんどが、ばあいによっては全員が男性であったため、マダガスカル人女性がこの文化的統合の過程で決定的な役割をはたすことになった。さまざまな移民のエリートが女性を隔離し、管理しようとしたこと、とくにその性を管理しようとしたことは、みずからの文化的独自性を保持し、ひいてはエリートとしての地位をできるだけ長く維持するための努力であったとみることができる(結局はすべて失敗に終わった。というのも、いまでは独立した集団としてはすべて消滅しているのだから)。

北東部でもおなじような力学が働いていたのだろうか? あったのはたしかだが、そこにはひとつ奇妙なねじれがくわわっていた。のちにベツィミサラカ領となる地域に定住した異民族の貴族は、ムスリムではなくユダヤ教徒を自称していたのである。

一六六一年、あの不運なフランス人入植地フォールドファンの総督エティエンヌ・ド・フラクール Étienne de Flacourt は、『マダガスカルの歴史 *Histoire de la Grande Isle Madagascar*』で、かれらについてこう語っている。

わたしが最初にやってきたと考えるのは、サントマリー島とその近隣に住むザフィイブラヒム Zafe-Ibrahim(アブラハムの血筋)である。とりわけ割礼の習慣をもつかれらは、ムハンマド教[イスラーム]の汚点はなく、ムハンマドもカリフも知らず、その信奉者を不信心者や無法者とみなし、共に食事することも、同盟をむすぶこともしない。かれらは、ムーア人のように金曜日ではなく、土曜日に祝い、仕事を控える。また、ムーア人が使うような名前もない。このことから、かれらの祖先は、ユダヤ人移民の最初期にこの島に来たか、バビロン捕囚以前のイシュマエル人の最古の一族か、イスラエルの子ら［ヘブライ人］の出エジプト後にエジプトに残った一族の子孫ではないかとわたしは考えている。つまり、かれらはモーセ、イサク、ヨセフ、ヤコブ、ノアの名前を継承しているのだ。かれらのなかには、おそらくエチオピアの海岸から来た者もいるだろう(6)*2。

フラクールはまた、別の場所で、ザフィイブラヒムがアントンジルからタマタヴまでの海岸を支配し、ザフィラミニアと類似した動物の供犠を独占していたこと、サントマリーには一二の村に五、六〇〇人のザフィイブラヒムがいて、漁獲と収穫の一〇分の一を徴収する「ラシミノン Rasiminon

＊2　*Ceux que j'estime y être venus les premiers, ce sont les Zafe-Ibrahim ou de la lignée d'Abraham, qui habitent l'isle de Sainte-Marie et les terres voisines, d'autant que, ayant l'usage de la circoncision, ils n'ont aucune tâche du Mahométisme, ne connaissent Mahomet ni ses califes, et réputent ses sectateurs pour Cafres et hommes sans loi, ne mangent point et ne contractent aucune alliance avec eux. Ils célèbrent et chôment le samedi, non le vendredi comme les Mores, et n'ont aucun nom semblable à ceux qu'ils portent, ce qui me fait croire que leurs ancêtres sont passés en cette isle dès les premières transmigrations des Juifs ou qu'ils sont descendus des plus anciennes familles des Ismaélites dès avant la captivité de Babylone ou de ceux qui pouvaient être restés dans l'Egypte environ la sortie des enfants d'Israël: ils ont retenu le nom de Moïse, d'Isaac, de Joseph, de Jacob et de Noé. Il en peut être venu quelques-uns des côtes d'Ethiopie.*

の息子レイニャス Raignasse、あるいはラニャーサ Raniassa」[7]という名の首長に全員が服していたこともつけくわえている。

ザフィイブラヒム Zafy Ibrahim（ザフィヒブラヒム Zafi-Hibrahim、ザフィブラハ Zafi-Boraha、ザフィブラヒ Zafi-Borahy とも呼ばれている）の起源と正体については、数多くの学者が推測している。たとえば、グランディディエ[8]は、かれらは実際にイエメンのユダヤ人であったと考えている。フェラン[9]は、ハワーリジュ派であるという。オッティーノによれば、カルマト派または、おそらくコプト派かネストリウス派のキリスト教徒[10][†2]。アリベール[11]は最近になって、（南方にむかう前にはエチオピアに滞在していた）イスラーム以前のアラブ人の子孫であると推測している。いずれも、可能性はある。とはいえ、ザフィイブラヒムをユダヤ人でないとする人びとのほとんどが、フラクールの記述だけがユダヤ人説を裏づける唯一の手がかりであって、しかもフラクールはたんに話を誤解しただけだと考えている。しかし、そうではないようだ。たとえば、一九世紀、あるイングランド人宣教師が、さらに南のほうで「われわれは完全なるユダヤ人である」と主張するザフィイブラヒムに出会ったことを語っている[12]。この証言を信用しない理由はないようにおもうのだ。

植民地時代になると、ザフィイブラヒムはサントマリー――マダガスカル語では現在もヌシ・ブラハ Nosy Boraha（アブラハムの島）として知られている――に閉じこもり、ますますアラブ人を自認するようになっていた[*3]。本島の人びとは、すでにより大きな単位であるベツィミサラカに吸収されて久しかった。しかし、［それより以前の］フラクールの時代には、かれらは南部におけるザフィラミニアとほぼおなじ役割をはたしていたようで、本島に点在する共同体に住まい、家畜の屠殺を独占していた。このなりわいのために、かれらはミヴリカ *mivorika* として知られる特別な祈りを捧げていた。しかし、フラクールによれば、かれらはみずからの崇高なる神に対し、それ以外の儀式をおこなっていなかったようだ。そして、外国商人がひんぱんに立ち寄るサントマリーを拠点としていたということからもわかるように、かれらは商人でもあった。[*4]

ザフィイブラヒムはまた、のちに吸収されたベツィミサラカにその痕跡を残したとも考えられる。マダガスカルのあらゆる民族のなかで、ベツィミサラカはその平等主義、集権的権威への拒否のみならず、哲学的・宇宙論的思索を好むことでも知られている。(13) このような思弁は、マダガスカルの他の地域でみられるものとはかなり異質な、厳格な二元論的性格をとる傾向をもっている。ベツィミサラカの神話では、宇宙、とりわけ人類の創造が、対立しつつ均衡する二つの力、すなわち「上の神 God of Above」と「下の神 God of Below」によってなされたことがつねに強調されるのだ。宇宙創成《コスモゴニー》の物語は、こう語る。すなわち、地上の神は、木や粘土で人間や動物の姿を創造したもの

†2　ハワーリジュ派はイスラームにおける最初の政治・宗教的分派。カルマト派は八世紀に興ったイスマーイール派の、分派のひとつ。コプト派はエジプトのイスラーム化のあとも残ったキリスト教徒で単性説を奉じた。ネストリウス派はキリストの「人性」を重視する異端。

＊3　この点について、フェランは説得力のある主張を展開している(Ferrand, 1905, 411–15)。このことは、みずからを「アラブ人」と主張する、サントマリー出身のわたしの情報提供者たちによっても確認されている。

＊4　ミヴリカは、現代のマダガスカル語では妖術や呪術を意味するが、古代の文書では「祈り」に使われていたようだ(Allibert, *Histoire de la Grande Isle Madagascar*, 470–71)。この言葉がとくにザフィイブラヒムの儀礼のことを指していたとすれば、この集団が人気を失うとともに意味を変えた可能性が十分にある。

の、生命を吹き込むことはできなかった。天空の神は、それらに生命を吹き込んだが、それらが約束を破ったり借金を返さなかったりしたため（いくつかのヴァージョンがある）、ふたたび戻ってきて命を取りあげた、と。だから俗にいわく、「神はわれわれを殺し」、われわれの肉体は土に還る。[*5]初期のヨーロッパの観察者たちが、北東部のマダガスカル人をマニ教徒と比較対照するきっかけとなったのは、この二元論だったようだ。[(14)]海賊がマダガスカルに来訪する以前の旅行者の記録を読むと、このような世界観が、かつてはもっと広く浸透していた可能性がある。その記録のなかで、マダガスカルの情報提供者たちは、つぎのように説明しているのである。われらがいのちを与え奪うはるか高みの神の存在を、われわれは認めてはいる。だが、崇拝することはない。そのかわり、不幸の身近な源泉たる地上の力（ヨーロッパ人観察者たちはきまって「悪魔」と呼んでいる）に祈りと供犠を捧げているのだ、と。ポール・オッティーノ[(15)]が、ザフィイブラヒムは、カルマト派などのイスマーイール派を起源とする、れっきとしたグノーシス主義者であったという可能性を示唆したのは、このような記述に触発されてのことである。[*6]この可能性は低いとおもわれるが、それでもグノーシス主義[†3]の影響がないとはいえない。

ひとつはっきりしていることは、ザフィイブラヒムは、その全盛期には、北東海岸にも存在したムスリムの共同体と同様、妻や娘に対する嫉妬深い独占欲で悪名高かったということである。一六九九年にこの地方の記録を発刊したシャルル・デロンによれば、アントンジルとフェネリヴ（「ガランブール Galamboule」）の中東系移民は、この点において、並外れて厳格だった。

＊5　これらのテーマは、マダガスカルの他の地域で生まれた他の神話にも存在するが、リー・ヘリングによる包括的なマダガスカル民話索引(Haring, *Malagasy tale index*)を参照すると、いくつかのまごうことなき特異性がきわだっている。最も顕著であるのは、それ以外の地域にはなんらかのかたちで存在する、われは神の被造物にあらずと主張する生意気な若者にまつわる、これぞマダガスカル的というべき神話「ザトゥヴ・サイクル Zatovo cycle」が、ベツィミサラカにはまったくみられないことだ(Lombard, "Zatovo qui n'a pas été créé par Dieu"; cf. Graeber, "Culture as Creative Refusal")。ザトゥヴをめぐるそれらの逸話では、人間の生命の特徴は、ジュピターの最高神よりの盗みからえられたという点にある。ところが、それとは対照的に、ベツィミサラカの物語では、人間のありようは、プロメテウス的反乱ではなく、二つの宇宙の力の均衡の産物とされるのである。

＊6　ここでオッティーノは自説を誇張しているようにみえる。かれがここで自説の根拠としているロション師の一節は、マダガスカル人に吸収され、みずからの宗教の教義のほとんどを失ってしまったイスラーム系移民のことを実際には指している。しかし、マダガスカル人は慈悲深い崇高な神を認めながらも「悪魔」を崇拝しているといった同様の観察は、この島にかんする多くの記述にみてとれるのであって、移民集団のみに関係しているわけではない。たとえばメイユールは、一七一六年頃のベツィミサラカの生け贄についてこう記している。「遺体を土の上におくと、五頭のウシが生け贄に捧げられた。そのうちの一頭は故人に、一頭は悪魔に、もう一頭は神に。そして、残りは参列者に供され、共同で食された」(Mayeur, "Histoire de Ratsimila-hoe," 210)。おなじように、富める者も貧しき者もなく、奴隷をわが子のように扱い、わが娘と結婚させる(Flacourt, *Histoire de la Grande Isle,* 23)というザフィイブラヒムにかんするフラクールの記述に、カルマト派的「コミュニズム」の流れをみることができるというオッティーノの主張(Ottino, "Le Moyen-Age")も、フラクールの記述のやりかたに災いされているようにおもわれる。そこでフラクールは、東海岸における儀礼の専門的担い手としてのザフィイブラヒムについて書いていながら、いつのまにか東海岸の住民一般の生活様式の記述に横滑りしているのである。

†3　グノーシス主義とは、紀元一世紀頃に生まれ、二世紀から三世紀にかけて地中海地域で高揚をみせた思想・宗教運動。人間は「霊知」(グノーシス)をもつことで救済されると考える。徹底した霊肉二元論の立場をとる。

マダガスカルの一部の民族のあいだでは、婚姻にルールはない。かれらはたがいに約束をもとめることなくむすばれ、たがいに望むときに別れるのである。ところが、ガランブールやアントンジルではまったく異なっている。妻たちは隔離されて監視され、なんらかの不貞をはたらいたばあい、死が科せられるのである。[16]

デロンは別の箇所で、おなじ人びとを信仰を失ったムスリムとして描写している。かれらの信仰はいまや、豚肉を食べないことと、隣人とはちがって「怒り狂うほど」嫉妬深く、「放蕩女《リベルタン》」を死刑に処すという事実に、ほぼ残されているにすぎない、と。[17] サントマリーの村々から集まった男たちが、地元の女性といちゃついたオランダ人船員を襲撃したという記述のみられる、別の資料もある。[18] フラクールによれば、ザフィイブラヒムの妻や娘たちはそれ以外のマダガスカル人とはちがって、「父親や母親がきわめて注意深く保護しているため、フランスの娘たちとおなじように近寄りがたかった」[19]。

アンテムルのばあいと同様、これらすべてが社会的再生産の戦略の一環であったことはまちがいない。内なるアウトサイダー（一般的なマダガスカル人からみればよそもの［異邦人］、本当のよそもの［異邦人］からみればマダガスカル人）である一集団として、その地位を保持するための方法である。この戦略は、なによりまず集団内の女性たちに対する、相当程度の暴力と暴力の脅しによってのみ維持できるのであった。かれらが最初にヌシ・ブラハ（サントマリー）にやってきた経緯をめぐる神話（一九世紀後半には、まだ語り継がれていた）は、ザフィイブラヒムが周囲の住民に呑み込まれてしまうことへの恐怖を物語っている。それによれば、かれらの祖先ブラハは漁師であった。あるとき、船が難破し、かれと仲間たちは、住人が女性だけの島に流れ着いた。先住民は、かれ以外を皆殺しにしたが、一人の慈悲深い老婆が、ブラハを昼間のうちは大きなたんすのなかに隠し、夜は浜で漁をさせてくれた。ある晩、かれは、一頭のイルカに遭遇する。そのイルカは、背中に乗せて安全な場所まで運んであげると申しでた。こうして、ブラハはヌシ・ブラハまでたどりついたのであった。[20]*7

アルフレッド・グランディディエ[21]の観察によれば、こうした隔絶した場に暮らす女性にかんする一七世紀の記述はすべて、中東からの移民の子孫(ある者はムスリム、ある者はユダヤ人)を指していた。かれらのすべてが、それ以降、より大きな人口単位に吸収される。グランディディエによれば、そのような記述は、一六九〇年代に海賊が登場する頃に突然消え、のちの時代には、サントマリー自体においても、性道徳において住民をそれ以外のマダガスカル人と区別するものはもはやなにもなかった。マダガスカルのそれ以外の地域と同様、婚前交渉など大人になる過程でのごくあたりまえの出来事であり、婚姻関係の外のセックスもせいぜいちょっとしたあやまちpeccadilloであって、夫婦いずれかの「激しい」嫉妬は、重大な道徳的欠陥とみなされるようになったのだ。

なぜこのようなことが起こったのか?

＊7　ふだんはこの手のことがらにはあまり立ち入らないのだが、この神話はまさにこれみよがしにフロイト流の解釈をもとめているといった感がある。すなわち、女たちの島の危険なセクシュアリティに取り囲まれた主人公は、まず子宮(老婆のたんす)に逃げ戻り、つぎに身近な男らしさの象徴とみずからを重ね合わせることで脱出する、といった。

長期的な見地からすると、この展開はあきらかにザフィイブラヒムの衰退と関係している。それまでザフィイブラヒムがはたしていた好ましい内なるアウトサイダーのカーストとしての役割が失われ、そのあとを、まず海賊、つぎにマラタが引き継いだ。保守すべき特権を喪失したザフィイブラヒムには、もはや隣人たちの道徳的規範を根本から否定する理由はなかった。［かくして］いったん隣人たちと自由に混じり合うと、かれらは自認する集団としてはほとんど消滅したのである。しかし、なぜ海賊が、性的習慣《セクシュアリティ》の点で、好ましいとみなされたのか、という疑問は残る。そもそも、かれらは、それ以外のマダガスカル人よりも、アンテムル人やザフィイブラヒムのほうにはるかに近い性道徳をもつ母国からやってきたわけだし（ジョン・プランタンは妻の愛人になろうとする者をその場で射殺することをいとわなかった）。おそらくその答えは、こうだ。ひとたび住みついた海賊には、みずからの習慣を押しつけることも、マダガスカル人の習慣に文句をつけることもできない立場になったから。かれらは莫大な金と財宝を所有していたかもしれない。だが、社会的・経済的な資本をほとんど完全に欠いていた。つまり、身近な仲間以外にたよれる味方はなく、とくに最初のうちは、これから足場を築かねばならない社会の習慣や規範、期待について、十分に理解していなかった。こうして、かれらはマダガスカル人のホストに完全に依存することになったのだ。それに、マーヴィン・ブラウン[22]が指摘したように、現地の妻に対して粗暴な態度の目に余る海賊や、あるいはほかの女に乗り換えるぞと脅すような海賊は、晩飯に毒を盛ることでかんたんに始末できた。そのばあい、残された掠奪品は寡婦とその家族の手に渡ったであろう。

その結果、典型的な外来王 Stranger King 論のシナリオがあらわれる。多くの社会（おそらくほとんどの社会)では、遠方の地よりもたらされる富や珍品は、たとえ神秘的なよそものが運んできたものでないにせよ、人間の活力の本質そのものの一部であるとみなされている。[23] これがまず前提である。そのうえで議論は、こう展開する。あらゆる社会秩序は、みずからを完全に再生産することはできないこと、誕生、成長、死、創造性といったある種の根源的な事象は、つねにみずからの力の及ばないところにあることを、少なくとも暗黙のうちに理解している。つまり、生命とは定義上、外部からもたらされるものなのだ。そこから、そのような外部からの力を、おなじく外部からあらわれる前例のない非凡な人びとや対象物の双方と同一視する強力な傾向が生まれてくる。マダガスカル語においては、このような傾向は、しばしばきわめて明瞭である。こうした非凡な存在、前例のない現象は、ザナハリ Zanahary やアンヂアマニチャ Andriamanitra というたいてい「神」と訳されるが、実際にはより包括的な意味をもち、強力なもの、華麗なもの、しかし不可解なものをも指すのである。[24] いうまでもなく、ある異質な対象物がそのようにみなされるという保証はない。よそからきた役立たずのゴミとして分類され、それをもち込んだ者は危険なる野蛮人として扱われることになるかもしれない。それは、完全に社会的・政治的文脈しだいである。しかし、尊大なる儀礼の専門家たちにとってかわろうと狙っているのであれば、こうした異質物があらわれたとき、それを利用しない手はない。

なにをいいたいのかというと、ベツィミサラカの女性やその男性の近親者が、アンテムルのような内なるアウトサイダーである支配的カーストを打倒するために立ち上がることはなかったとしても、海賊を受け入れることが、ほとんどおなじ効果をもたらしたということだ。ザフィイブラヒムは表舞台から姿を消したのであるから。こうして、女性は以前の性的制約から解放された。ということは、つまり性的制約は、それ以外の女性の行動のあらゆる側面を取り締まる手段でもあったのだ。

革命は神話的な手段によって達成された。マーシャル・サーリンズは、フィジーにおいて、外来王としての首長が象徴的に結婚し(25)、その後、土地の娘たちによって「象徴的に毒殺(26)」されるありようを記録している。マダガスカルのばあい、これはしばしば文字通りに起こったようなのだ。

政治のコマ《トークン》としての女性

一見したところ、わたしたちの有している証拠は、この解釈をはっきりと裏づけるには足りないようにみえる。

たとえば、アダム・ボールドリッジがはじめてサントマリーに滞在したさいの、かれ自身によるかなり簡潔な証言がある(これはのちにかれがニューヨークでおこなった供述である)。一六九一年四月、ボールドリッジをサントマリーに運んだ船は、かれを数人の仲間とともに置き去りにした。一人の若い見習い以外、すぐに熱病にかかった。ボールドリッジとこの見習いは、この島の現地人による本島の現地人への襲撃の助太刀をすかさずかってでる。

わたしはサントマリーで黒人[先住民]たちと行動をともにし、いっしょに戦争にでかけた……。

〔一六〕九一年五月、七〇頭の家畜と数人の奴隷とともに戦争から戻った。その後、家を建てて、サントマリーに住みついた。それから、わたしをたよってマダガスカル〔本〕島から黒人が大挙してやってきて、サントマリー島に住みついた。わたしはかれらと穏やかに暮らし、その誘拐された妻や子どもたちの買い請けを手伝った。かの女らは、わたしがサントマリーに来る以前に北方約六〇リーグに住む別の黒人たちにさらわれていたのである。(27)

当初の争いごとがいったいだれとだれのものであるのかは定かでないが、ボールドリッジは、ザフィイブラヒムではなく、北部のアントンジル湾からの避難民の一族と婚姻関係をむすんでいたようだ。*8 数年後、サントマリーで数週間をすごしたヘンリー・ワトソンは、ボールドリッジとローレンス・ジョンストンという「二人の老海賊」がいて、「マダガスカルに黒人奴隷を売り渡すのだとうそぶきながら」通りすがりの掠奪者に食料と弾薬を供給していたと証言している。

この二人はいずれも土地の女を妻にしており、かれら以外の多くもマダガスカルで妻をえている。サントマリー〔の港〕をみおろす場所に、七、八門の大砲を備えた要塞のようなものがある。土地の女を妻にするのは、住民に取り入るためである。その住民とともに、別の小王たちとの

＊8　一七二二〔三三〕年のいわゆる「アダム・ボールドリッジの息子」がサントマリーではなくアントンジルの統治者であった理由もこれで説明できるだろう。

戦争に参じるのである。一人のイングランド人が、いっしょに暮らしている王子とともに戦争にでむくなら、かれはその見返りに、捕らえられた奴隷の半分を受け取ることができるというのだ(28)。

この「いっしょに暮らしている王子 the Prince with whom he lives」という一節は重要である。海賊たちの入植の初期には、サントマリー港であれ本島であれ、新参者〔海賊〕が有力者の娘と結婚し、その有力者邸に住みついた事例が多数記録されている。とくに、まだニューヨークやモーリシャスの奴隷市場への〔奴隷〕供給の重圧にさらされていた最初の六、七年間は、海外に売るための捕虜を確保するため、海賊たちはあきらかに、そのようなくすぶる紛争を利用した（もちろん、成功するかどうかは微妙だったが）。

では、外来者による記録でつねに言及されている地元の「王」や「王子」とは、いったい何者だったのだろうか？　ロベール・キャバヌ(29)は、現存するすべての旅行者の記述を入念に調査し、ベツィミサラカ連合が勃興する前の二世紀における北東部の社会が実際にどのように組織されていたのか復元してみせた。当時も現在とおなじように、現在のベツィミサラカのテリトリーに属する人口の圧倒的多数は、島で最も肥沃とされる海岸沿いのさまざまな河川流域に住んでいた。かれらは婚姻関係にある五〇ほどのタリキ *tariky* と呼ばれるクラン〔一族〕にわかれており、それぞれが六〇〇人から一六〇〇人ほどの人口を抱え、独自の領土を保持していた。主要作物はコメで、そのほとんどが、タヴィ *tavy* と呼ばれる森林地帯で低収量の休閑〔焼畑〕forest-fallow 方式で耕作されるか、一般的にリネージ［家系］[†4]のフィルハ *filoha*（「頭領 heads」）に割り当てられる湿地帯で集中的に栽培されていた。どの村にも全員がいっしょに昼食をとる大集会場《グレイト・ホール》があり、各家族がそれぞれの収穫物を保管する集合的穀物倉もあったが、不作のばあいにはどの家族も利用することができる共同の貯蔵庫もあった。フラクールが、「貧富の差はなかった」と書いたのはこのためである。

それでも、それらの社会を平等主義的とはけっしていえない。だれもが生命を維持する手段を利用できるいっぽうで、生命をつくりだす手段を平等に利用できるわけではなかったからだ。村の長に複数の妻がいたように、各クランにはフィルハベ *filohabe* すなわち「大頭領 great head」を筆頭とする支配的リネージが存在し、そのリネージは（娘たちを族内婚させるか、他のリネージから娘たちの夫を迎え入れることによって）、村の娘の多数を独占することができたのだった。

とはいえ、こうした核となるリネージは、どこか不安定な集合体であって、つねに解体にさらされていた。娘［の外戚婚］を通してクランにつながった従属的リネージは、不満をつのらせ、分裂し、独自のクランを形成する傾向があった。[*9] 土地に不足することはなかったから、むずかしいことではなかった。フィルハベにとっての最大の政治的問題は、このような事態を回避することであり、そ

†4　リネージ lineage とクラン clan について。リネージとは、同一の出自によって共通の祖先につながるという意識をもち、成員のあいだの系譜的むすびつきを具体的にたどることのできる集団を指す。クランは、系譜関係をたどることができないが、同一の祖先を共有しているらしいとの信憑される集団を指す。

*9　このことは、クランの全体的な父系構造にもかかわらず、多くのクランが女性を始祖にもつという一見したところのパラドクスを説明している。

のためには欠乏状態にあった重大な資源であるウシをいつも貯えておく必要があった。東部沿岸の森林は肥沃で人口も少なかっただろうが、家畜の飼育にとくにめぐまれた環境ではない。それでもウシは決定的に重要であった。第一に、争いを解決するため（すべての争いは過料によって解決され、かつ過料はすべて牡ウシで支払われた）。第二に、祖先をつくりだす共同の供犠祭を催すため（現在もそうである）[30]、第三に、クランの富と権力を別のクランに誇示するため。

ヨーロッパの観察者たちは、しばしばフィルハベのことを「王《キング》」と呼び、かれらがひんぱんに交戦状態にあると報告している。たしかに、「王」の呼称にまったく根拠がないわけではない。かれらは、往々にして中国磁器や中東のガラス製品で埋め尽くされた壮麗な家屋に住み、妻たちや使用人にかこまれていたのだから。しかし、キャバヌの主張によれば、戦争のやりかたそれ自体が、だれもその地位を広域の支配者はおろか、地元《ローカル》の支配者にも昇格させないように保障していた[31]。ウシを蓄えすぎたクランの村は、ウシやウシと交換できる捕虜（たいていは女性か子ども）を奪取することを目的とした近隣のフィルハによる夜襲の標的となる。ときに、こうした襲撃が二つのフィルハベの軍勢間の戦闘にエスカレートすることもあった。それは周到に段取りされた戦闘でもあった。たとえば、一人か二人の戦闘員が戦死したあと、捕虜の交換とウシの再分配をめぐる長い交渉によって戦闘が終結する、といったような。すべての捕虜が必ず買い請けられうるとはかぎらないため、家族がかれらを取り戻すための資金を調達できるようになるまで、捕虜のうちの一部は、たいていはどこかのフィルハの屋敷に奴隷として幽閉されていた。しかし、そうだとしても、それが現実に不平等の固定化につながることはなかった。というのも、フラクール[32]が観察したように、買い請けられなかった捕虜たちも、最終的に支配的リネージの養子となったり、婚姻関係をむすぶことで、そのリネージに統合されたからである。

キャバヌ[33]によれば、こうして戦争がリネージ・システムの「社会的再生産の手段」となった。しかし、この表現はいささか誤解を招きやすい。というのも、かれの主張は、結婚、生殖、あるいは祖先創出の手段をうるためにクランは戦争する必要があったとしているわけではないからだ。そうではなく、アマゾニアについてピエール・クラストル[34]がいったように、集団が小規模にとどまり、そのリーダーが真の強制力を蓄積できないよう、戦争が保障していたのである。最も強力なフィルハベですら、緊急事態〔戦争首長としてふるまうような事態〕をのぞいては、みずからの世帯以外の人びとに命令をくだす能力を実際にはもっていなかったようだ。共同体にかかわる決定は、カバリ *kabary* と呼ばれる集会《アセンブリー》での込み入った合意形成のプロセスによっておこなわれた。カバリは、村落やクランの単位、あるいはきわめて重要なことがら(たとえば、よそものの侵略があるかもしれない、ヨーロッパの船が沖合で目撃されるといった、よそものの侵略の可能性など)のばあいは地域単位でもおこなわれた。メイユールは、こう述べている。

> そして、諸地域や諸民族を包摂する大カバリがある。首長たちは長槍 sagaie と盾で身を固めつつ、完全なる軍装でやってくる。その面々の称号や資質、そしてそのおびただしい数、また好奇心によってこの厳粛なる集会に参加し発言せんとする従者のこれもまたおびただしい数。それらの記憶は、地域の人びとにとって忘れがたいものとなり、その伝統の画期となる。こう

した種類のカバリは、大人数を受け入れることができる場所、通常は地方の中心部や最大の村落の近隣で開催されるのだ……。

こうした集会は、かつては自然発生的におこなわれていた。ある出来事が伝えられると、小カバリが形成され、あらゆる口がその噂を拡散する。そこで好奇心に動かされた者はみな、村々からでてきて、交流の場を探しもとめ、接近していった。土地のすべての大物がそこにこぞって集まっていることにかれらが気づくときが、カバリのはじまりだ。地元に帰れるのがいつになるか、だれにもわからなかったので、食料が運ばれた。(35)

審議は数日に及ぶこともあった。状況しだいでは、臨時クラン連合の部隊を統率する戦争首長が選出され、事態に対処することもあっただろう。このような集会が、一六世紀に海岸にあらわれはじめたポルトガルやオランダの船とのウシやコメの交易を調整するために招集されたとしても不思議ではない。またその後、ヨーロッパ人が折につけ設置を試みたあれこれの軍事的前哨基地を破壊する決定をくだしたのが、このような大集会だったとしてもやはり不思議ではない。一六九七年に海賊を組織的に攻撃する決断をくだすにあたっても、このような大カバリが招集されたにちがいない。

マダガスカルにかんする学術文献において、キャバヌの論考は、画期的で、理論に裏打ちされた歴史分析の模範とされている。なるほど、それは正当である。とはいえ、かれが、当該社会の平等主義を誇張しすぎているのもあきらかだ。第一に、ザフィイブラヒムをはじめとする儀礼の専門家

（後述するように、この地域にはザフィラミニアやアンテムルの占星術師や魔術師もいた）の役割を完全に無視している。かれのいうように、ウシがリネージ間の「コミュニケーションの媒体[36]」であったとすれば、ウシを生け贄に捧げる資格をもつのが専門カーストのメンバーだけであったことは、重要な意味をもっていたにちがいない。第二に、たとえばメイユールの手稿が豊富に例証するように、さまざまなフィルハ、フィルハベ、そしてその戦闘員たちが、じぶんたちを一種の貴族階級とみなしていたことを示す証拠がある。手稿では、かれらはしばしばパンザカ *mpanjaka*、すなわち「王」と呼ばれており、口承伝承もこれを裏づける傾向がある。というのも、そうした口承伝承はほとんど必ず、この時期の歴史《ストーリー》[37]を「王」の所業や偉業の逸話《ストーリー》として語るからだ。それにクランが序列化されていなかったのは事実だが、パンザカは序列化されていた。たとえば、ラツィミラフは、みずからの伝令として「一等階級、二等階級、三等階級のパンザカの一族から若者を選んだ[38]＊10」とか、ラツィミラフの実母は二等貴族にすぎないパンザカの一人娘であった、などといわれている[39]。この身分制度の基盤はよくわからないが、この三つの序列がそれぞれ、戦争首長〔一等階級〕、クランの首長〔二等階級〕、村長〔三等階級〕を指しているのだとしても、それらの存在は、こうしたクラン内の区分がクランの外部からは序列ある貴族制と認識されるようなものに翻訳しえたことを示している。

　最後に――そして、これがここでの目的にとって本当に重要なことなのだが――、キャバヌはいささかクラストルにも似て、戦争が男性どうしの支配関係に対してはそれを弱体化させながら、そ

＊10　*Jeunes gens choisis dans la famille des Pandzacas de première, deuxième et troisième classes.*

れでいて男性による女性支配に対してはそれを強化する傾向があったことを強調している。［戦争においては］女性は交換のコマ《トークン》［交渉の切り札］、あるいは蓄積されるべき富としてのみあらわれるのだ。どうやら、女性のセクシュアリティを統制しようとする努力はほとんどなかったようだが、この［戦争における］システムによって、直接的または間接的に、かの女たちの生殖能力の統制が可能だったようだ。女性は誘拐されたり、買い請けされたり、支配的リネージに組み込まれることはあっても、女性たち自身がアクターとして登場することはほとんどなかったのだ。

　それにくわえ、これらのパンザカたちが海賊と接触したときに、かれらに最初に湧き起こった衝動は、一種の交換媒体としてみずからのリネージの女性や少女をさしだすことだった。おそらく最初は、ザフィイブラヒムに対して優位に立つための方法として。もう一度、クレメント・ダウニングの記述に戻ってみよう。というのも、はじめて文書でこの慣行について記述しているのが、かれだからだ。四月一八日、ダウニングの乗組員は、残存する海賊の拠点をつきとめ退治する任務の一環として、サントマリー沖に停泊した。かれらは古い砦が廃墟になっているのを発見し、海賊たちが島を捨てて本島にむかったことを知った。地元の「王」(ザフィイブラヒムの「王」ではないようだ。なぜなら、そのリネージはこの時点で島からほとんど追い払われていたようだから)[40]は、かれらを熱烈に歓迎した。

　一九日の正午頃、王と王子、そして王の二人の娘が乗船してきた。王は船長に二人の娘を贈り物としてさしだした。海賊におなじように対していたからだ。われわれも同類とみなされたわけだ。ところが、かような寛大なる申し入れを船長は断ったにもかかわらず、将校のうちには娘を受け取った者がおり、その「栄誉」の大いなる報いを受けることになった。すなわち、一人は命を落とし、もう一人は［梅毒に――仏語版注］したたかにやられたのだった。王は船長と副船長たちに上陸するよう申し入れた。そして、上陸にあたって、われらがかれらの友であること、われらがかれらに虐待をくわえぬことを海の前で誓わせた。そして、さらなる裏づけのため、友情のしるしに、火薬を混ぜた一杯の塩水を飲むことを、みなに強要した。それは、かれらが海賊から学んだ儀式だった。[41]

この文章は、いろいろなことをあきらかにしてくれているが、ここでの重要なポイントは、ヨーロッパの船員に土地の女性を提供《オファー》(そう呼んでいいのかどうかわからないが)することが、地元のパンザカと来訪した海賊とのあいだの友好の儀式の一環としてはじまったこと、やがて異邦の商人をはじめとする来訪者を歓迎するさいの恒例行事となっていたことである。このような事態において、ほとんどすべての外国人観察者が注目したのは、以下の二点であった。すなわち、提供された女性の出自の高さ、そして若さである。[42] たとえば、一八二三年、フランス人旅行者ルゲヴェル・ド・ラコンブ Leguével de Lacombe が海岸沿いの町アンデヴラントゥ Andevoranto に到着したときの逸話がある。かれは初日の朝、若い踊り子たちのパフォーマンスで迎えられた。「女たちはしきりにわたしに近づき、慎み深いとはとてもいえぬ動作と身ぶりをやめなかった」[43]。性の相手として一人を選ばないのは失礼だと知らされたかれは、一番年上とおぼしき(ラコンブはせいぜい一六歳くらいとみつもっている）地元のフィルハの二人の娘のうちの一人を指差すと、その両親は歓喜の声をあげた。[44] このストーリーもまた、最終的には、このよそものたちと（このばあいは）少女の家族のメンバーの一人とが、血の契りを交わし合うことで終わっている。

ではなぜ、パンザカの若い娘なのか。おそらくこれは、［この贈与によって］生まれた同盟がその後も継続するようなばあい、外来者がパンザカの世帯に直接に組み込まれるよう保証するためであろう。成人女性ならば、自宅をもつか、その夫がかの女に家を用意することになっていた。［それに対し］一〇代の子どもならば、まだ両親と暮らしている［ので、さらに組み込みやすい］。これまでみてきたように、支配的リネージはつねに、じぶんの娘を結婚させ、妻方に居住させることで、あたらしいメンバーを身内に取り込もうとしていた。[†5] これが海賊への対応にあたっての一般的な慣行となったとすれば、かれらが王子たちと同居していたというヘンリー・ワトソンの言葉や、捕虜の奪取と奪還を目的とした掠奪行為の応酬に、かれらがあっというまに引き込まれていったことの説明もつくだろう。

それでも、これがここで起こっていることのすべてではないことはあきらかだ。結局のところ、海賊がこのようにたんに殺し屋やエキゾチックな装飾品の供給者として既存のリネージ構造に組み込まれていただけであるなら、その子息たちはパトロンのリネージに吸収され、なにも大きな変化は起きなかっただろう。マラタやベツィミサラカ王国の勃興もなかったにちがいない。
では、それ以外になにが起きていたのだろうか？

同時代の資料からは、断片的な証拠しかえられない。しかし、兆候《サイン》はある。コメとウシの交易は「王と王子たち」が支配していたようにみえるが、ヨーロッパ人の飛び地［居留地］周辺には地方《ローカル・》市場《マーケット》がただちに出現していること、そしてその市場はすぐに女性によって支配されるようになったこと。ボールドリッジの証言自体がこれを示唆している。かれはサントマリーに寄港する船にみずからの備蓄からウシを供給していたが、一六九二年頃には、その報告書に「わたしはかれらの食料としてウシを調達し、黒人たちはトリ、コメ、ヤムイモを売っている」[*11]というような一節があらわれはじめているのだ。かれの記述からはこれらの商人がだれであったのか判然としないが、その多く――おそらくほとんど――が女性であったようだ[*12]。実際、海賊の数はとても多く、最盛期には少なくとも八〇〇人が北東部に散在していたと伝えられている。このおびただしい数の海賊によって、前代未聞の社会的可能性が開かれた。そして、この地域で最も大胆な若い女性たちの多くが、

†5　以下、仏語版訳注より。「これ［妻方居住］によって夫は妻の集落に組み込まれるのである」

＊11　一六九三年一〇月にテュー船長が到着したさいにも、かれやその部下は「わたしからウシをいくらか調達したが、航海用の食料品は黒人から買っていた」。あるいは一六九五年のウィーク船長の船スサナ号では、「わたしはかれらにウシをいくらか用意したが、大部分は黒人から買っていた」(Fox, *Pirates in Their Own Words*)。

＊12　たとえば、ジョンソンは、サントマリーの対岸まで裸で泳いできたナサニエル・ノースが、「白人の家でトリを売っていた一人の女」以外には霊とまちがえられたと述べている(Johnson, *A General History of the Pyrates*, 520［『海賊列伝』(下)三六九―七〇頁］)。今日でも地域の市場《いちば》は、女性によって差配される傾向がある。

すぐにその機会をつかみ、利用したようなのだ。

女商人と魔法のお守り

ある日のこと、四人の姉妹が幸運をもとめて旅にでた……。

――ベツィミサラカの民話の冒頭(45)

現代のベツィミサラカの口承伝承のうちに、海賊について語るものはほとんどみつからないようだ。わたしが知るかぎり、マダガスカル人からみた海賊の来航の記述といえるようなものに最も近いのが、ラツィミラフの来歴を語る、あきらかにローカルな口承伝承に由来する文章である。これはフェネリヴ・エスト Fénérive-Est の郷土史博物館であるランピー博物館で閲覧できる。名前と日付がごちゃごちゃしているので解きほぐすのはむずかしいが、[*13] にもかかわらず、この文章は重要である。

その頃、ヴァヴィティアナ Vavitiana という女性がいた。ヴァヴィティアナはサカラヴァ族の出身だった。ヴァヴィティアナの目的は夫を探すこと。かの女にはマタヴィ Matavy という名の友人がいた。二人の少女は毎日、船乗りを探しに海辺にでかけた。少女たちは、もうひとつ、目的をもっていた。商売の手段を探すことである。ヴァヴィティアナとマタヴィはこの二つのことで頭がいっぱいだった。

そのむかし、夫のいない生活は苦労が多く、世間も冷たかった。だから、男たちを惹きつける方法が必要だった。そこで、かの女らは「ウディ・フィティ ody fitia」と呼ばれる愛のお守りをこしらえた。こうしたお守りの効き目は、折り紙つきであった。こうしてヴァヴィティアナとその友人は救われたのだった。

この二人の友人はおなじ場所に暮らしていたわけではない。ヴァヴィティアナはこの在所に暮らし、マタヴィはサカラヴァ地方に暮らしていた。数年後、マタヴィと夫とのあいだに子どもが生まれ、イツィミラフ Itsimilaho と名づけられた。成人すると、ラヘナ Rahena という女性と結婚し、イツィミラフはラツィミラフとなった。一七七四年、ララハイキー Ralahaiky 王に敗れたラツィミラフは、ヴヒマシナ Vohimasina に移住した。

ヨーロッパ人の記述では、マダガスカルの女性は男性から別の男性に贈られる性的な「贈り物《ギフト》」にすぎないが、この伝承では、主導権を握るのは女性である。マラタが生まれたのは、よそものの海賊が海岸に進出して地元の妻をめとったからではなく、マダガスカルの女性たちが、結婚相手と

＊13　実際には、ラヘナはラツィミラフの母親であり、マタヴィはかれの妻である。ヴァヴィティアナはタマタヴに埋葬されたベツィミサラカの預言者の名前で、別の時代に生きた人物であり、この件とは無関係である(Besy, “Les différentes appellations de la ville de Tamatave” をみよ)。一七七四年は、ラツィミラフが死んでからだいぶたっている。

なるよそものの男性をみつけようとしたからなのだ。実に、かの女たちは、強力なファナフディ *fanafody*、すなわち呪薬《メディシン》を使うこともいとわない。後述するように、このような呪薬は、マダガスカルでは古くから名高く、欲望や愛情を惹起する能力だけでなく、他人を完全に意のままにする手段としても用いられてきた。他者の心や行動を直接支配するための魔術の大部分が、「愛の魔術 love magic」に分類される。(46)

この記述はまた、かの女たちの動機が恋愛一辺倒でなかったこともあきらかにしている。かの女たちがもとめていたのは、恋ではなく、尊厳《リスペクト》(夫のいない女性は「軽んじられる」)と商売の手段であった。おそらく、かの女たちが船乗りをもとめて毎日浜辺にくりだしていたとすれば、それは第一に、異国のよそもの、とくにヨーロッパやアラビアのような遠い国からやってきた者は、自動的に地位が高いとみなされたからであり(同時代の資料には、しばしばこのようなことが記されている)、第二に、船乗り、とりわけ海賊は、相当量の取引可能な商品をもってくる可能性が高かったからである。このような女性たちは、たんなる男性のゲームのコマ《ポーン》となるためではなく、独立した社会的アクターであるために必要な手段をもとめていたのだ。

今日にいたるまで、ベツィミサラカの女性たちは、外国人男性と関係をむすび、それを経済計画の基盤にしようとすることでよく知られている。いまでは、気まぐれで浮ついた生き物たる男性には、お金を扱う能力がそもそも存在しない、という信念《エートス》が、この気質に追加されている。無意味な浪費を避けるべく、実入りがあったら即、妻に渡すべし、というわけだ。たとえば、ジェニファー・コールは、現代のタマタヴでの「結婚生活に成功し、長つづきしている幾人かの男性」についてふれている。「お金の管理をすべて配偶者にゆだねている証拠に一度もじぶんのシャツを買ったことがない、と、かれらは誇らしげに話す」[47]。コールは、これが植民地時代のブルジョアのあるべき家庭生活の理想像に淵源をもつと示唆しているが、たしかに部分的にはこれが真実であることはまちがいない。しかし、ベツィミサラカの女たちが市場を支配し、裕福な男たちと商売上の同盟をむすび、その代理人として活動するというはるかに長期にわたる伝統も存在している。このような女性はヴァディンバザハ *vadimbazaha*(「外国人の妻」)と呼ばれ、少なくとも一九世紀までには、ヨーロッパ人男性と多かれ少なかれ形式化されたさまざまな家内生活の関係性、一時的か永続的かの関係性を維持していた[48]。これらのヴァディンバザハのほとんどは、(海岸沿いでの交易に使用される言語が英語からフランス語にとってかわると)二ヵ国語ないし三ヵ国語の話者となり、読み書きができる者もあった。その時代になると、そうした女性の多くも、混血であった。ヴァディンバザハのなかには、ヴァザハ(外国人)の夫を何人も婿にとり、色とりどりの子どもたちをもうけたことを自慢する者もいただろう。

ほとんどのばあい、かの女たちは商人としても成功していた。実際、ドミニク・ボワが論じているように、当時のベツィミサラカ領の海辺の町に最もふさわしい表現は「女たちの町 cities of women」である。一八世紀にはまだ、それらは一般的にはかなり小規模で、柵で囲まれた区域におそらく二〇から五〇の「大家屋 great houses」があり、なかでも最大の邸宅には、ヴァディンバザハ、その(不在がちな)夫、さまざまな親族や使用人が住んでいた。実質的な意味で、コミュニティの屋台骨を構成したのはこうした女性たちであり、かの女たちなしに重要な決定をくだすことはできなかったのである。
つまり、違法に手に入れた巨額の富をどのように処分して、安全で快適な生活を確保するか、という基本的な問題に対する解決策を、海賊たちは進取の気性に富むマダガスカル人の妻たちにみつけた。海賊たちは、その処分権を野心的な女貿易商にゆだねればよかったのだ。実際、このあと何世紀にもわたって、外国の男性たちの目は、恋人の経済的・政治的利益に絶対的献身を捧げるヴァディンバザハの姿に惹きつけられることになる。ときに、このような絶賛とともに。

マダガスカル女性は誠実なる友であり、自身の利益に劣ることなくあなたの利益にも尽くすという。かの女たちは、あなたといっしょに、あなたのために行動する以外には、なにもしないのだ。それに、あなたとマダガスカル人たちのあいだを、かの女はしっかりとむすびつけてくれる。その堅固なきずな、友愛と信頼と保護のきずなが断ち切れるとすれば、死か、あるいは、あなたがたがいやになったときのみである。そのような導きがあればこそ、人はベツィミサラカ人のなかを安心して歩くことができるのだ。(49)

「あるいは、あなたがたがいやになったとき or your disdain」というフレーズのみが、これがたんなる家父長制的服従の問題ではないことを示唆している。忠誠は相互的なものとみなされていたのだ。それで、いやになった disdain として、なにが起こるのだろうか？　出典はあいまいなままだが、一八七〇年代に書かれたとおぼしき一九世紀のメリナのテキストにヒントがある。そこに記されているのは、高地の商人の恋人となったベツィミサラカの女性たちが使った魔術である。そのような女性たちは、パートナーに裏切られたとなると、恐ろしい復讐をすることで名高かった。

フェヒチャチャ *fehitratra*、これは商人の妻たちがおこなう妖術《ウィッチクラフト》の一種である。商売人の男が、稼ぎのために海辺で恋人をつくる。「おまえはここで物を売ってくれ、わたしは都から物資を運んでくるからね」。しかし、いったん稼ぎをうると、男はその女を裏切ってしまう。人をも殺しかねぬ、女のおそろしい秘密の力など考えてもみずに。だから、女をだまし、二人のものであるはずの財産をもち逃げしたのだった。しかし、女はフェヒチャチャでかれを破滅させるやりかたを知っていた。男は半殺しにされる。女は呪物を使って、男を死体も同然にしてしまったのだ。足先からみぞおちまで麻痺してしまったので、大便小便は垂れ流し。ベッドの上でも家の床でもおかまいなし。性的にも不能となる。妻が男に魔法をかけたのは海辺だが、病魔がうごめくのは高地に戻ってからである。やがて病魔は拡大し、かれを死にいたらしめた。これが、沿岸の人びと、ベツィミサラカでなされている呪文である[(50)][*14]。

このような恐ろしい運命が、男がパートナーの信頼を完全に裏切ったばあいには待ち受けている。もし商人がパートナーを見捨てて高地にいる家族のもとに帰るだけなら、かの女はこれほどまでに屈辱的ではない死を選ぶかもしれない。

ラウディア *rao-dia* とは、行商して歩く男たちがかこうベツィミサラカの愛人のつくる呪物のことである。女は男が踏んだ土をあぶっては、つぎのように唱える。「あの男がわたしのものにならぬのなら、だれのものにもなってはならぬ！　いっそ死んでしまえばよい！　あの男の妻子が、男がなにゆえ死んだのかすらも気づかぬように！」。男が町に戻っても、愛人の妖術は道行く男を追いかける。男が死ぬと、人びとはこう口にする。「戻ったときはピンピンしてたのに、突然、死んだのだ！」と。それがラウディアなのだ。(51)＊15

こうした多種多様な復讐の魔術(フェヒチャチャ、マナラ・ムディ *manara mody*、ラウディア)は(少なくとも人びとがそう[存在していると]主張しているという意味では)、いまなお存在し、少なくともわたしがフィールド調査をしていた地域では、すべてウディ・フィティすなわち愛の魔術の一種とみなされていた。ファナインガ・ラヴィチャ *fanainga lavitra*(逃亡した恋人をトランス状態にして、魔術をかけた者のもとに帰って来るまでめざめさせない)、ツィミフア・ブンガ *tsimihoa-bonga*(恋人を一定の範囲に閉じ込める)も、そうである。恋愛関係の状況で使用されるか、あるいは、他人を意のままにあやつるために使用されるか。このいずれかであれば、ウディ・フィティとみなされる。愛の魔術においては、なによりもまず権力と支配が大事だったのである。(52)いまではそれらは特定地域に固有の現象とはみなされていない。しかし一五〇〇年前には、それらがアウトサイダーと商売上の関係や性的な関係をむすぶ北東沿岸部の女性に独特の得意技とみなされていたという事実は、まちがいなく重要である。

これらのことは、よそものの船乗りをおびき寄せ離さないための「愛のお守り」の使用が、実際にどのように機能していたか、その理解の糸口を与えてくれている。海賊がそのような［恐ろしい］こともあるぞと、ただちに耳打ちされたことは疑う余地がない。あたらしいマダガスカルの家族といっしょに暮らしはじめると、［マダガスカルの］あたらしい友人や親戚たちは、きっとこのようなことをぜんぶ説明し、じぶんの身がかわいければ注意しなさいよと忠告しただろう（あきらかに、まったく不誠実とはいえない）。海賊たちがマラリアをはじめとする熱帯病でひんぱんに病に倒れ、バタバ

＊14 *Fehitratra, mosavy ny fehitratra natao ny ravehivavy azy mpandranto; ny olona mandranto manao vady amo-ron-tsiraka, manao filan-kariana, "mivarotra aty hianao, ary izaho kosa mitaona entana miakatra sy midina." Ary nony efa mahazo hariana izy, manao filan-dratsy amy ny vehivavy izy, kanjo tsy fanta'ny ny zavatra hahafaty azy, fa ny takona no tia' ny. Ary dia mamitaka an-dravehivavy, mifaoka ny fanana' ny imbonana; ary dia hain-dravehivavy ny famoanan' azy amy ny fehitratra, dia vonoina tapaka ralehilahy asiana mosavy mahafaty tapaka: hatr' eo am-bavafo noho midina maty ny tapa' ny ambany, dia tsy mahatsiaro tena na handefa rano na hanao diky, eo am-pandriana sy ny tany itoerana, dia maty fiainana avy an-kasarotana izy. Famosaviana ny vady an-tsiraka izany; tonga aty ambony ny mpandranto vao hihetsika ny aretina, ary dia vao mitohy ny aretim-paha-fatesana. Fandramànana atao ny Anindrantany, Betsimisaraka.* ほかと同様、引用はマダガスカル語からの翻訳である。

＊15 *Rao-dia, ny Betsimisaraka ama-mandry, mosavy natao ny ravehivavy azy mpandranto tany an-dalana. Enda-zin-dravehivavy nilaozana any an' indrantany ny tany no diaviny ny lahy, dia tsitsihina "tsy ahy tsy an' olona iny! Matesa! tsy ho hita ny vadi-aman-janaka ny mahafaty azy!" Ary tonga an-tanana, dia tonga ny mosavy natao ny vehivavy nama-nandry tany an-dalana, ary dia tonga ny mahafaty azy, dia lazainy ny mpilaza, "tonga tsy nanino-na tsy naninona, dia maty foana tao izy!"; izany kosa no maharaodia azy.*

タと死んでいったことを考えれば、そうした噂がかけめぐっていたことも想像にかたくない。

家内の諸事象

多くの海賊が、複数の妻をめとっていた。だからといって、いささかも状況に変わるところはなく、ただ事態が複雑になっただけだった。たとえばジョンソン船長は、ある箇所で（たしかにかなり空想的な一節だが）こう書いている。「海賊たちは黒人の女たちのなかから、最もみめかたちのよいものを選んで妻にしていた。それも一人や二人ではない。好きなだけの相手をめとり、こうしてだれもがコンスタンチノープルの大君主とおなじくらい大きなハーレムをもっていたのだった」[53]。かれらは妻が与えてくれる安逸なる生活に夢中になり、しだいに海にでる気をなくしてしまった、と述べている人もいる[54]。のちの一九世紀に出版された、英訳版だけが残っている以下の文章には、農村のベツィミサラカ共同体に赴任したメリナの伝道師のあわをくった反応が記されている。あきらかに相当に誇張されてはいるが、そこに掠奪した富をふんだんにもつ人びとの一夫多妻生活の実態を、わずかばかりかいまみることができる。

> 夫を探すとき、女は相手の性格の良し悪しより、金と財産をどれだけもっているかを重視する。善良な男や働き者は夫として好まれない。なぜなら、こうした者は妻にじぶんのために働くよう望むからである。だから、泥棒や強盗さえも好まれる。なぜなら、これらの者たちは、なに

もせずに財産をうるからである……。

地位のある男たちは、四人から一二人の妻をもつ。これほど多くの妻をめとるのは、働いてじぶんに奉仕させるためだと、かれらはいう。ところが、妻たちのいさかいに巻き込まれるため、夫にはいささかの喜びも安らぎもない。現地の木綿布の値段は六ヤードで一ドルだから、夫が一人にランバ *lamba*［まとい布］を買うと、それ以外の妻たちも、ふだんはルフィア *rofia*［ヤシ織物］の布を身に着けているのに、おなじものをじぶんにくれるべきだという。それでいて妻たちはけっして夫に忠実ではないので、トラブルも絶えることがない。また、それぞれの妻は自家を保持しているので、夫は時間を割いて、それぞれの家を訪ねている。夫が病気で寝込んだとしても、一人の妻になすべき配慮を怠るならば、その妻は別の男のもとに去ってしまうだろう……。

男が自家に来なければ、自由に別の男とつきあってもかまわないと、かの女らは考えているのだ。(55)

これが、はてしなく複雑な財産のやりとりの原因である、と、かれはいう。というのも、一時的に夫のもとを去り、別の男のもとへ出奔した女性は、往々にして戻ることを承諾する条件として一頭の牡ウシ《オックス》の贈り物を要求するからである(多くの女性は、最終的に夫と別れる前に、かなりの数［の牡ウシ］を手に入れる、とかれは指摘している)。また、多くの妻をもつ男性が旅行にでかけているあいだ、妻の一人が別の恋人と暮らしはじめてしまうようなばあい、妻の不貞行為を捕らえるため、夫が予定より早く戻るように仕組むことがある。こうすることで、不倫相手に法外な罰金を要求することができるのだ(その罰金を、夫がその妻と等しく分け合うこともあった)(56)。

この宣教師が、事態を奇怪なまでに誇張しているのはあきらかである。しかし、それでも、マダガスカルの村に長く滞在したことのある人なら、さまざまな魔術的知識の蔓延と性的もつれあいが合流して、生活がはてしなく複雑になり、ややこしいゴシップの尽きない源泉になることを知っている。なにをおいても、このようなコミュニティでの生活はけっして退屈になることはない。

とくにフェアではないのは、ベツィミサラカの女性たちが金銭目当てでのみ夫を探しているかのように、この宣教師が示唆している点である。これはよそもの相手にさえあてはまらない。ドミニク・ボワが指摘するように(57)、無一文のヴァザハであっても、献身的なパートナーをみつけることができたのだから。ボワによれば、これは、よそものを受け入れるさいに、威信や歓待《ホスピタリティ》といった別の価値観が働いていたにちがいないことを示唆している。この価値観にもうひとつくわえるとすれば、それは「自由《フリーダム》」である。先に、海賊は経済資本においては豊かだが、社会・文化資本においては貧しかったと述べた。しかし、パートナー選びという視点からみれば、後者にもあきらかな利点がある。第一に、海賊はそれ以外のよそものと同様、妻の決定に横やりを入れる母親などの家族がいなかった。第二に、かれらは現地にかんする社会的知識をほとんどもたずにやってきて、通常、周囲の人間が理解できる言語を話す能力さえなかった。だからこそ、女性の伴侶は、仲介者や通訳としてだけでなく、教育者《メンター》やガイドとしてもふるまうことができたのである(もちろん古典的な性的規範はまぬかれていなかったであろうとはいえ)。そのような女性パートナーは、父親の家に住む一〇代の若者であったら別だが、実質的に地域社会を具体的に再構築できる自律性も手に入れた。つまり、港町の創設、性道徳の変容、のちには海賊とのあいだに生まれた子をあらたな貴族階級として登用すること、これこそが、かの女たちのなしえたことだったのだ。

おそらく、この種の大胆な革新の最もおどろくべき事例を、北東部ではなく、南東部、旧アンテムル王国とアンタヌシ Antanosy 王国、そして失敗したフランス植民地フォールドファンの領土にみいだすことができる。読者はおぼえておられるだろう。フランスからの船に乗船していた女性たちと集団結婚式をあげようとマダガスカルの妻たちを捨てた（あるいは少なくとも［妻の序列を］格下げした）ため、フォールドファンのフランス植民地は壊滅したのであった。

一六九七年一〇月、サントマリーの反乱［ボールドリッジのふるまいを腹に据えかねた現地人が起こしたサントマリーと本島の海賊集落の襲撃］から逃れた海賊船ジョン・アンド・レベッカ号がフォールドファン沖で難破し、生存者の一団がフランス軍の古い要塞跡に避難した。さっそく近隣の王国から生存者のようすをうかがいに、代表団がやってきた。そのメンバーの一人である年老いた王女が、海賊の一員で船のクォーターマスターであるアブラハム・サミュエル（実際はマルティニークのプランターと奴隷の母親とのミックス児）は、長いあいだ行方不明だった息子であると告げた。かの女は何年も前にフランス人入植者と結婚し、男児をもうけたが、二三年前のフォールドファンからの撤退のさい、この入植者は男児もいっしょにつれ帰ったのだった。かの女は、あるアザがサミュエルがその男児であることの証拠であると確信していた。サミュエルは、このゲームに乗った。その程度には知恵があったのである。あるいは最初はなにがなんだか完全に理解はしていなかったかもしれないが、いずれにしても、やがてかの女の策略によってアンタヌシの王となった。その後一〇年近く、王女の庇護のもとに、サミュエルは統治をおこなった。サミュエルはいつでもどこでも二〇人の海賊仲間の護衛を従え、この王国を奴隷船に対するさらなる襲撃の拠点として利用した(58)。

もちろん、王女の動機は不明である。しかし、推測するのはむずかしくない。タヌシ Tanosy はザフィラミニアに支配されていた。ザフィラミニアもまた、［ザフィイブラヒムなどと同様］家父長制的特徴をもつ内なるアウトサイダー集団のひとつであり、女性の自律ははっきりと制限されていた。そこで王女は、土地の政治には無知でそれゆえ全面的にじぶんに依存するしかないよそものを養子に迎え、最高権力の座に押しあげた。つまり、こうすることで、かの女は、家父長制の制約をかいくぐり、実質的に王国の実権を握ったのである。かの女は、クーデターをやってのけたのだ。

軍事的権力と性的権力の対立について

これが示唆するのは、当時の北東部には少なくとも二つの異なる人間活動の領域があったということである。つまり、いっぽうには、主にパンザカとフィルハが支配する男性的な領域がある。そこで女性は、家畜とおなじように英雄ゲームのコマ《ポーン》であった。もういっぽうには、魔術的・商業的・性的な冒険からなる第二の創発的領域がある。そこでは女性は少なくとも対等なプレイヤーであり、往々にしてきわめて優位に立っていた。当初、男性ばかりの海賊が第一の領域に惹かれるのは必然だった。しかし、時がたつにつれ、女性の役割はますます優勢になっていったのである。

おそらくここでもまた、海賊が一掃されそうになった一六九七年の反乱が、決定的分岐点となった。ジョンソン船長の記述のうちに、実際に起こったことの反響をみいだすこと、推測や創作と入り乱れた現実の断片をみつけることができるかもしれない。たとえば『海賊列伝』におけるエイヴリーの仲間たちの苦難にかんする記述の冒頭は、かなり現実に忠実である。

マダガスカルの先住民には……無数の小王子〔首長〕がいて、ひっきりなしに戦争をしている。捕虜は奴隷であって、売るなり、殺すなり、自由に処分される。海賊一味がマダガスカルに落ち着いた当初、王子たちはしきりにかれらとの同盟をもとめてきた。海賊たちは、あるときは一方に、あるときは他方についたが、黒人たちは火器をもたず、またその使い方も知らなかったため、海賊が味方すれば必ず勝利した。(59)*16

ジョンソン船長の説明によれば、これによって海賊たちは先に述べたような個人のハーレムを獲得するようになったのであった。しかし、やがて、海賊の気まぐれな残虐ぶりに気づきはじめると、マダガスカルの隣人たちは、海賊は役に立つ以上に厄介の種だと考えるようになった。

*16　実際には、火器云々については事実ではない。これからみるように、たとえ性能にすぐれなかったとしても、とにかくかれらは銃を所持していた。

たまりかねた黒人たちは共謀して、この破壊者たちを一晩で追い払おうとした。海賊たちは、はなればなれに暮らしていたから、海賊の妻または愛人であった女性のひとりが、三時間で二〇マイル近くを走り、かれらにこのような陰謀を知らせなければ、計画は容易に成功したであろう。(60)

これ以降、お話《ナラティヴ》はまじりけなしのファンタジーと化していく。しかし、まず、この著者が、引退した海賊や投獄された海賊へのインタビューや海辺や川辺のパブで耳にした逸話からの抜粋、そしてかれ自身のフィクションによる再構成をつぎはぎにする傾向をもっていたこと。つぎに、そのような組織的な反乱があったこと、マダガスカル人のなかに海賊を擁護する者があったことがわかっていること。これらを考慮するならば、ここでの『海賊列伝』の記述が実際の出来事の記憶をもとにしていた可能性は十分にある。

そのような出来事が本当にあったかどうかは措いたとしても、一六九七年はあきらかに転機であった。その後、ナサニエル・ノースのような注意深い海賊入植者と自律をもとめる多くのマダガスカル人女性たちが、当初巻き込まれていた争いや競合といった旧来の英雄的領域とは異質なものを創造しはじめたのだから。これを行為や価値の「創発的領域 emergent sphere」と呼ぶのはいいすぎかもしれない。たんに政治的領域から家内的領域 domestic one に、海賊たちは撤退したにすぎないと主張する人も、確実にいるだろう。そもそもマダガスカルの家内的領域は、往々にしてそれ自体がかなり活気のある冒険的な場所だったのだ、と。しかし、当時、多くの人びとが、実際にそのように［あたらしい領域が創造されたと］みなしていたことの証明（間接的ではあるにせよ）は存在しているように、わたしは考えている。

いまある証拠によれば、魔術――ファナフディすなわち「呪薬《メディシン》」の領域――は、とりわけ争いに充ちたテリトリーであった。たとえば、メイユールのラツィミラフ手稿や戦争一般にかんする記述では、それ以外の儀礼については言及されているのに、お守りや呪文についてはまったくふれられていない。マダガスカルでは通常、ファナフディが戦争の慣行において中心的役割をはたすのに、これはおかしなことである。

ここでしばし、フランス人旅行者ルゲヴェル・ド・ラコンブに話を戻してみよう。先ほどの議論では、アンデヴラントゥという海岸沿いの町にて、地元の首長の一六歳の娘に熱狂的にかれが迎えられたところで終わっていた。ラコンブは、旅の途中で有名なウンビアシ ombiasy すなわち占星術師＝治療師を招き、占星術、占い、お守りのつくりかたの手ほどきを受けている。(61)

マダガスカルの占星術はアラビアの太陰暦にもとづくもので、この当時はまだ遠方の近寄りがたい秘教的知と同一視されていた。最も著名なスペシャリストは、フォールドファン地域のアンテムルとザフィラミニアの人びと（それぞれ東アフリカのスンニ派とスマトラのシーア派の神秘主義者がマダガスカル化したもので、両者ともにアラブ起源を主張していた）であった。とくにアンテムルは島中に拡散し、その技術を活かして王宮に取り入り、宰相としてみずからの地位を確立した。ベツィミサラカ領内には、桑の樹皮から紙を製造するアンテムルのコミュニティがあったことはあきらかだ。この紙は主に呪文を書き留めるのに使用された。イヴンヂュ Ivondro の町の近くには、ザフィラミニアの集落があったようだ。[62] しかし、そこにはベツィミサラカの占い師や治療師も男女ともにいた。

ラコンブはその占星術師の出自についてはなにも語っていないが、地域の呪術的伝承が巨人ダラフィフィ Darafify と妖術師マハウ Mahao という二人の神話上の人物に深くむすばれていたようだと報告している。ダラフィフィはマダガスカルの民話ではおなじみの人物である。[63] 統治するにたる臣民をもとめて島を縦横に渡り歩き、多様な特徴をもつ景観をつくりだし、ときにはライバルの巨人と戦いをくり広げる。いわば、慈悲深い戦士、統治者、探検家の模範《パラダイム》である。対照的に、マハウは深く地域に根ざした人物である(わたしたちはラコンブを通じてしかマハウを知らないのだが)。この二つの人物像は明確な対立関係にあって、ダラフィフィが防御的魔術《プロテクティヴ・マジック》の守護者《パトロン》であるとすれば、マハウは愛の魔術と妖術の守護者である。わたしたちはこの対立項を、タマタヴの町の裏の森にある三つの大きな湖、ラスアベ湖 Rasoabe、ラスアマサイ湖 Rasoamasay、ヌシベ湖 Nosibe にまつわる物語から、把握することができる。

最初の二つ、ラスアベとラスアマサイは双子の湖で、ダラフィフィの二人の妻がそこに田んぼをつくっていたことから名づけられたという(ダラフィフィ自身はその中間一帯を家畜小屋にしていた)。フエランは、タマタヴのベツィミサラカの女性から聞いたこのみじかいお話を記録している。

> ラスアベとラスアマサイは巨人ダラフィフィの妻で、巨人が田んぼをつくるため与えた湖の一帯に住んでいた。あるとき、夫の留守中に二人は不貞をはたらいた。それを聞きつけた夫は帰ってから二人を湖に投げ込んだ。この湖は、いまではそれぞれの名を与えられている。投げ込

まれた二人は、湖の底にあたらしい村をつくり、家畜や奴隷とともにそこで暮らしている。水が穏やかなときには、湖底にかの女たちの家がみえるといわれている。(64)

ここでは妻の不貞に対する過剰なまでの粗暴な対応(ダラフィフィが神話のなかで悪さをするのは、わたしの知るかぎり、この例だけである)が、女性たちをいわば水の別世界のうちに宙吊りにしている。それと似たような、しかしもっと手の込んだ、不貞とそれに対する過剰反応のストーリーがあって、それによれば、[後述するように]マハウは第三の湖の底でおなじような異世界の生活を送ることになっている。この二つの物語は、あきらかにたがいの反転であり、相補的集合を形成している。しかし、その意味合いがより明確になるのは、以下の二つめの物語においてである。

ラコンブはしばらく前にこの湖を横断したと記している。そのさい、かれはガイドから「男たちは、この湖を横断するとき、絶対に口をひらいてはならない。さもなくば、おそろしい運命が待ち受けている」[*17]と警告されたことをおもいだす。このあたりは、すべて引用しておきたい。

湖のなかに、他の島よりも大きな島がある。そこにはかつて、邪悪なまでに美しい女性が住んでいた。アンヂアンツァアイ Andriantsay という名の強力なアンテムルの首長の娘、マハウであ

＊17　ルゲヴェル・ド・ラコンブ(Leguével de Lacombe, *Voyage à Madagascar*, vol. 1, 153)によると、この湖はいまやダラフィフィの敵である火の巨人が所有していた。

る。この首長は、男たちにとって役に立つ人間となるように、先祖がアラビアから伝承した魔術の奥義をかの女に教えた。しかし、マハウはある日、夫が若い奴隷の胸の上で眠っているのに仰天する。夫を刺し殺したあと、かの女はすべての男たちに対する憎悪を誓い、それ以来、これまでにえた知識を使って男たちに危害をくわえるようになった。

アンヂアンツァイは娘の犯した罪に怯え、娘と共犯の女たち数人を領地から追放した。女たちは、島に避難した。わたしたちが周航することになる島である。

そこへ、マハウの魅力に惹かれたこの地の大首長の息子たちが、つぎつぎと表敬にやってきた。女は求愛に応じるふりをして、かれらを宮殿に招き入れ、歓楽の陶酔でもてなした。ところが、かの女の好意の代償は大きかった。三日三晩、めくるめく愛に酔いしれたかれらは、この恐るべき女から、お守り《チャーム》を受け取った。たちまちその効き目は死となってあらわれ、ある者はめまいに襲われ湖に飛び込み、またある者はみずからの長槍でおのれを刺した。

こうして、多くの首長や勇敢な戦士たちが死んでしまった。なかには、ベマナナ Bémanana の息子たちもふくまれていた。ただし、神が六人の兄弟の仇を討つために選んだ末っ子を除いて。ザフィラミニアの賢者ラツァラ Ratsara の助言により、末っ子は、島へ渡り、計画を悟られぬよう、毒牙を隠したマハウの快楽に身をゆだねた。しかし、女が眠りについているすきを捕らえて、かれは巨人の歯を奪い（それが女を不死身の者としていたのだ）、それでもってマハウを数度、突き刺した。

ところが、マハウを精霊の位にまで格上げしている別の護符 talisman の授ける力によって、その死後もかの女は依然として男たちに危害をくわえた。
かの女は湖の底に棲みつづけ、男たちの声を耳にするだけで、かねてよりの憎しみを呼びさます。あまり多くを語らないようにしよう。なんとなれば、語りすぎるとマハウの棲む洞窟に否応なくおびきだされてしまうから。[65]

ここでいう「巨人の歯」がダラフィフィの歯なのかどうかは定かではない。だが、二つの物語の並行性《パラレリズム》を考えれば、それ［巨人とはダラフィフィであるということ］を暗示しているとみるのが妥当だろう。

マハウの物語には、この第二部にでてきたほぼすべてのテーマが集約されている。アンテムルやザフィラミニアといった内なるアウトサイダー集団の秘教的知識（ザフィイブラヒムは、この時点で登場人物から姿を消している）、女たちの性的反抗、愛の魔術の力、そしてその報復的使用（マハウの魅力《チャーム》に誘われた者たちは、まったく文字通りにマハウの呪物《チャーム》に誘われたのだと暗示されている）、女たちのこの力と男性戦士階級（「この地の大首長の息子たち」「首長や勇敢な戦士たち」）［の政治的・軍事的力］との対立。そして、少なくともこの物語では、戦士たちの最終的な反撃と勝利が描かれる。しかし、かれらの勝利は両義的なものだ。マハウは死んだが、屈していない。かの女は水中に潜ったままで、その力を失っていないのだ。その雄弁によって大集会を席巻する男性戦士たちでさえ、かの女の上を通るときは沈黙を守らなければならない。そして、ダラフィフィとマハウという二人の主役は、魔術の実践の論理そのもののなかで、永遠に宙吊りにされたまま対立しつづけるのだ。

第三部

海賊の啓蒙

ここでようやく、ラツィミラフの物語をとりあげ、適切な文脈で検証することができる。

これまで述べてきたように、ベツィミサラカ連合の創設につながった大いなる政治行動political mobilizationの主体が、海賊の息子たちであるはずはない。当時、かれらのほとんどは子どもだったのだから。だが、海賊自身も、直接的な役割は、なにもはたしていない。なるほど、海賊たちは、港町に暮らしていたし、これらの出来事をまぢかで観察していたはずだ。事のなりゆきに関心をもつのは当然であろう。ところが、メイユールを信じるならば、かれらはまったくの傍観者にとどまっているのだ。[*1] ラツィミラフを除けば、この運動の主役は、マダガスカル人のパンザカ[王]とその息子たちであったようだ。かれらは、主に海賊とその女性同盟者が共同で創設した港町へのアクセスをめぐって争っていた。ベツィミサラカ連合創設のこの政治行動は、戦《いくさ》における勇ましさ、公的集会での弁舌の巧みさ、供犠的儀礼による祖先の創造など、いくぶんかは伝統的な男性的価値観の再確認であった。しかし、いっぽうでそれは、いくぶんかは政治的実験でもあった。つまり、海賊やそれ以外の情報源からえた政治的モデルや原則を沿岸部の既存の政治的伝統と混ぜ合わせることで、既知のものとは似ても似つかぬなにものかを創造する、そんな実験だったのである。

＊1　ビアルシェウスキー(Bialuschewski, "Pirates, Slavers, and the Indigenous Population in Madagascar," 423)も、海賊はベツィミサラカに支援を提供しただけで、かれらのために直接戦闘をおこなったわけではないという、出所不明の「言い伝えoral tradition」を引用している。

これを啓蒙主義の先駆けとなった政治的実験と表現したのは、もちろん意図的な挑発である。しかし、ここでは挑発ほどふさわしい態度はないようにおもうのだ。というのも、現在の歴史学で、マダガスカル語話者による自己意識的な政治的実験といったものが、かりにそれが起こっていたとしても、分析はおろか認識すらもできない可能性が高いからだ。この議論が挑発にならざるをえないゆえんである。

「交易システム」の侵食に対抗して「リネージ・システム」の再生産様式を保持する、その方法としてベツィミサラカ連合を捉えたロベール・キャバヌの論考は、一九七七年に発表された。このテキストは、ある種の広い意味でのマルクス主義的分析の最高峰に位置づけることもできよう(1)。一九七七年といえば、マダガスカルが多くのポストコロニアル社会と並んで、国家社会主義の実験をおこなっていた時期である。それ以降、一般的な政治状況も、歴史分析の主要な焦点や用語も、変化を遂げてきた。世界「市場」の名のもとに、ますます少数化していく経済エリートの利益を助長する「グローバル化」の時代の到来、そして地球規模の官僚機構の出現と手に手をとって、国際貿易と「地域エリート」を歴史の主要な、あるいは唯一のアクターとしてあげつらう歴史記述のスタイルがあらわれた(国際貿易が一番目にきて「地域エリート」が二番目にくる)。マダガスカルにかんしては、このようなやりかたから大きく逸脱したすぐれた歴史研究もたしかに存在する(2)。が、海賊について書かれたものの(3)大半は、このモデルを踏襲している。そこから生まれるのが、外国商人が現地エリートと同盟をむすんだり対立したりする、そんな著作群である。そこにあらわれる「「現地」エリート」は、どれも大差はなく、分岐があるとしてもせいぜい「政治的エリート」と「魔術と宗教のスペシャリスト」くらいのものだ。ところが、そこにすでに疑われざる前提がひそんでいる。エリートたちはつねに存在しているということ、そのようなエリートたちはなによりも富と権力の蓄積に励んでいるということ、かれらがほかならぬエリートたりうるのは、主にこれまでにどれだけの権力と富を蓄積することができたかによるということ。このすべてにおいて、民衆運動や知的潮流──宇宙論、価値観、意味──は（それが「西洋的」でないばあいはとくに）、視野の外である。民衆運動は完全に無視される。知的潮流といえば、どんなに活気《カラフル》があろうが、仮装衣装《ファンシードレス・コスチューム》のようなものにすぎない。[*2] つまり、色彩豊《カラフル》かな土着衣裳の目眩ましのむこうでは、おなじ芝居の演目が執拗かつ強迫的に演じられるだけなのだ。

　ある現代史家は、ベツィミサラカ連合誕生のきっかけとなった戦争の意義をこう要約している。

> 戦争によってかなりの数の捕虜が生まれたにもかかわらず、ベツィミサラカが奴隷の輸出で利益をえることができたのは、戦争の終結からかなりあとのことであった。一七二四年以前、東海岸の港は植民地市場から事実上切り離されていたため、奴隷船の来航はほとんどなかった。海賊との遭遇によって一七世紀末から一八世紀はじめにかけて何隻もの交易船が失われたため、

＊2　たとえば、アンテムルのカースト制度にかんする膨大な文献で、このカースト制度が最終的に一九世紀の民衆革命によって解体されたことにふれているものは、おどろくべきことにほとんどない。同様に、キャラヨンが「タニベ革命」(Carayon, *Histoire de l'établissement français*, 15–16)と呼ぶザナマラタに対する民衆蜂起についても、この地域の歴史やザナマラタにかんする記述ではほとんどふれられていないのだ！

それ以降、奴隷商人たちはこの地域を避けていたのである……。一八世紀前半には、東部沿岸のほとんどの人びとが、ほぼ独立した村落に依然として住みつづけていた。考古学的調査の結果、土器の伝統にはほとんど変化がないことがわかったし、交易、社会的分化、発展した集落のヒエラルキーを示唆する証拠もほとんどみつからなかった。これらの調査結果が、支配的な政治体制が、段階的な構造的変化ではなく、カリスマ性のある単独の人物によって築かれたことを再確認するものであったとしても、ラツィミラフは、サカラヴァでおこなわれていたような神聖なる絶対的王権をもつことはなかった。ベツィミサラカは、統一王国というよりは、強力なフィルハニ *filohany* に率いられた独立共同体の連合体だったのである。(4)

メイユールはできるだけ多くの戦争捕虜が家族のもとに帰れるよう、ラツィミラフが配慮していたことを示唆していた。ところが、それに対して、この現代史家の記述のうちには、暗黙のうちに(というかそう暗黙でもないのだが……)ぬぐいがたい予断がある。捕虜と引き換えにピカピカの食器とかうるわしい絹を獲得できるなら、だれだって捕虜を奴隷として売り払うはずだ、という予断である。たとえその捕虜が奴隷にされ屈辱にまみれ早死にするかもしれないとしても、そうするはずだ、と。だが、こう考えてもおかしくない。すなわち、もし選択できるなら、この著者とて、じぶん以外の多くの人びととおなじように、奴隷として売り払われることもなく、絶対的権力をふるう一個人に共同体が支配されることもない、そのような社会を選ぶのではないか、と。ここでの現代史家の言葉づかいは、たとえ一見ニュートラルにみえたとしても、そうではない。ある人間集団が、公共の場で集会をひらき、分権的な参加型の自己統治システムを保持しつつ、奴隷商人を撃退する方法を考えだした。このような状況を目の当たりにしても、それを一個の歴史的偉業であるとは認めない。そのような否認を可能にするのは、この「人間はなにをおいても富の増大を追求するものだという」論理、この純粋に功利主義的な論理だけである。

それに対し、わたしは、これが実際に歴史的偉業であったという立場から話を進めたい。ベツィミサラカ連合を創設した人びと（結局のところ、それは一個人の発案ではない）は、マダガスカルだけでなく、ヨーロッパやインド洋全域の多様な政治的可能性について知識を有した、思慮深い大人たちであった。また、ひんぱんに接触していたのだから、かれらが、海賊船や海賊コミュニティの組織を、とくによく理解していたと考えるのも理に適っている。そこで、この第三部の残りの部分では、このような観点から既存の証拠を（再）解読することにしたい。

メイユールの記述は、連合が一個人の発案によるものだと仮定しているので、いささか厄介である。それは基本的に聖人伝なのだ。ほとんどすべての章が、主人公の模範的な道徳的資質や個人的資質についての考察に数段落を割いている。ときに、敵対するツィクアの王ラマンガヌとその資質を対比させたり、ラツィミラフ自身への賛美を延々と並べ立てるだけであったり。かれ以外のほとんどの登場人物は、筋書き《プロット》の進行に奉仕するため、あるいは特別な死にかたによって興を添えるだけのためにあらわれる。お話《ストーリー》の全貌は、おおよそ余談や行間から読み取るしかないのである。しかし、わたしは、これは可能だとおもう。メイユールは、ラツィミラフのかつての戦友たちが六〇代や七〇代になったときに回想した記憶をたよりにしている。お話のなかのいくつかの要素（戦闘、作戦、演説、同盟の儀礼）はおどろくほど詳細に描かれ、それ以外の要素は省略されるか、抑制されている。その結果、典型的な英雄譚となったのである。一八世紀の［マダガスカル］東海岸にこのような［語りの］ジャンルが存在したこと自体、きわめて重要なことではあるが、描写された出来事の意味を完全に理解するには、かなりの時間がたったあとに戦友たちが語る価値があるとみなしたことを超え、いわばいささか脇道に逸れ、語られざる文脈のうちでそれを検討する必要がある。

発端の状況

一七一二年までには、海賊たちはサントマリーをほとんど放棄し、［本島の］海岸沿いに集中していた。アントンジルの大きな湾に定住する者もいれば、サントマリーの真向かいにあるタンタング Tintingue に定住する者もいたが、最も集中したのが、のちにフェネリヴ（フェヌアリヴ）とフルポワントとして知られるようになる町であったようだ。[5][*3] 後者は当時、アンブナヴラと呼ばれていた。海賊がやってくる以前から、外国船にコメとウシを供給する拠点であったが、当時は海賊のガバナンス法を陸上で応用しようとするナサニエル・ノースの実験的共同体を受け入れていたのである。

メイユールによれば、北東部のすべての港――フェネリヴ、フルポワント、タマタヴ――は、ツィクアとして知られる南の軍事連合の支配下にあった。かれらは、のちにベツィミサラカ領となる中心部三分の一に先祖伝来の土地をもつ五つのクランで構成されていた。「北の民」（アンタヴァラチャ Antavaratra）や「南の民」（アンタツィム Antatsimo）とは異なり、ツィクアは「一人の王、あるいは部族のすべての首長よりもぬきんでた首長、あるいは臣民の財物と生命の絶対的な専制的支配者」の統治下にあった。(6) この王は、ラマンガヌを名乗っている。「意のままになす者」という意味で、そのような王のありかたにふさわしいものだ。ツィクアの先祖代々の領土には港がなかったため、やがて北の隣国を攻撃し、あっさりと北東部全域を支配下においたとメイユールは説明する。かれによれば、北方人にとってそれは、たんに暴虐なる専制政治にすぎなかった。

青年や娘たちは連行され、海岸をひんぱんに往来するヨーロッパ船上で売り飛ばされた。わずかにであれ不平などいおうものなら、奴隷にさせられるか死が待っていた。先祖の墓はあばかれた。ヨーロッパ人との交易に必要な物品は、なんの対価もなく力ずくで奪われた。男も女も子どもも、沿岸部から内陸部へ物資を運搬する仕事に従事したため、村全体がさびれてしまった。北部海岸のどこかの地点に船が到着するや、住民には逃げだす合図となった。かれらはもはや戻ってこなかった。農作物は荒れはて、村も焼き払われているのは確実である。それよりも逃げておいたほうがましだと考えたからである。

＊3 「マダガスカルの北部と北東部にかれらがひんぱんに訪れたことにより、タマタヴ、フルポワント、テネリフェ[フェネリヴ]、そしてサントマリー、アントンジル湾、マナナラ Mananara、ボールドリッジ・ポワント Baldridge point の集落が生まれた。アントンジル湾のマロト Marote 島、ナヴァンヌ Navanne やヴェラングートル Véringoûtre の入り江などでは、いまでも海岸沿いの岩に鉄の輪が埋め込まれているのがみられる。傾船清掃をするときに、かれらはそこで船を係留していた」(Mayeur, "Histoire de Ratsimila-hoe," 191)

ツィクアは、征服した領土に支配の拠点を築き、フェネリヴから少し距離のある、ヴヒマシナを首都とした。同名の山に位置する村である。その地の利によってかれらの力は強大なものになった。暴君はここから、みずからの有する力に気づかないまま征服者のくびきのもとで悲しげに頭を垂れる多数の民族に掟を押しつけたのだった。[7]

メイユールの記述は混乱している。奴隷貿易につきものの蛮行と海岸一帯の支配を主張する帝国の出現の両方の記述が混じり合っているのだ。

いずれにせよ、それまで支配的クランすら知られていなかったこの地で、絶対王政のようなものが突然生まれたとはとてもおもえない。別の場所で、ツィクアは「一種の共和政体《リパブリック》」[8]とも呼ばれており、その名とは裏腹にラマンガヌは、伝統的なクラン連合のなかでもとりわけ有能な戦争首長にすぎなかったとキャバヌ[9]が指摘するのは、ただしいだろう。ツィクアは一六世紀に出現したとメイユールは推測しているが、重大なことに[10]、一六五〇年代に東海岸沿いに定住していたヨーロッパ人の虐殺の責がかれらに負わされたことにふれていない点で、決定的に矛盾している。これらのバラバラの情報を総合すると、ツィクアはもともと沿岸部を防衛するために五つの主要クランによって結成された軍事同盟であり、当初はおそらく緊急事態を除いては実態のないものであったと結論づけるのが妥当だろう。

連合がその性質を変えはじめたのは、海賊の到来以降であった。それ以降、連合は、より商業的な役割を担うようになるのである。ラツィミラフの時代から何年もたってから、ロション師はツィクアの長老たちに話を聞いているが、そこで語られるツィクアは通説とはまったく異なっている。かれらはこう語る。ツィクアは、この地域の人びとのなかでも「最大の倹約家でかつ勇敢な」人びとであるにすぎない、と。

ツィクアは、村々を離れて海賊の居住地に大挙して押し寄せ、めぼしいさまざまな交易品を調達しようとした。かれらがとくにもとめていたのは、美しいインドの織物、マスリパトナム製のハンカチーフ、モスリンなどなど、多かれ少なかれ貴重品であった。アンタヴァラチャやマニヴル Manivolo という名で知られる海岸の住民は、海賊の存在を心からよろこんでいた。船の補給に必要なすべての種類の食料や物資の取引に、わずかでも支障があれば、海賊へのもてなしの義務を欠き、親愛の情の表現にも不足があったと考えただろう。(11)

一六九〇年代以降、あたらしい港町に押し寄せたのは、女商人だけでなかった。たとえば、船に物資を運ぶには、荷役運搬人や家畜商人など多くの人手が必要だったにちがいない。これらは伝統的に男性の職業だった。おそらく、距離的に不利なツィクアは、この地域でみずからの輸送部隊や施設を守るために、すでにあった軍事組織を拠りどころにしたのだろう。必然的に、その軍事組織は地域紛争に巻き込まれた。家畜掠奪の文化に男性としての美徳がむすびついたうえに、きわだった富の集中が存在していた、この社会である。奴隷商人たちがもめごとを起こそうとしていなかったとしても、必然的に不穏な空気がたちこめていたにちがいない。メイユールは別の場所で、こう報告している。「たえまのない争い、倉庫の掠奪、村の焼き打ち、家畜の強奪、枯れた作物、奴隷制度、悲惨、そしてそれらが生みだすありとあらゆる憎悪と復讐の惨劇」(12)。ジョンソン船長によるナサニエル・ノースの冒険記(13)によれば、アンブナヴラの海賊植民地は、つねにこうした争いに巻き込まれる瀬戸際にあった。その後、急成長するモーリシャスとレユニオンのプランテーション経済に[奴隷を]売り込もうと、外国人奴隷商人がふたたび大量にあらわれるようになると、異邦の軍事組織[ツィクア]と同盟をむすぶことは、海賊たちにとって理に適っていたにちがいない。まもなく、ツィクアの終身《パーマネント》の戦争首長と、少なくとも二つの常設《パーマネント》の駐屯地があらわれた。アンブナヴラ／フルポワントのすぐ隣に位置する柵で囲まれたキャンプと、フェネリヴから数リーグ内陸に入った山頂の要塞、ツィクアの「首都」ヴヒマシナである。

ツィクアが貢納を要求していた証拠はない。かれらは、たんに港を出入りするものの一部を受け取り、奴隷商人のもとめに応じて襲撃をおこなっただけである。これをするにあたって、港を支配する海賊たちとは、なんらかの合意があったにちがいない。しかし、先に示したように、海賊入植者たちは一六九七年以降、奴隷貿易に対する敵愾心を強めていた。かれらが地元の生活に根づけば根づくほど、このような専断的な暴力を自身のマダガスカルの家族とおなじように受け止め、良し悪しの判断をしたことだろう。メイユールは、ツィクアが異邦人の父親から生まれた子からはなにも徴収せず、港への出入りも自由にするよう配慮していたと述べている。だが、これだけでは不十分であったことはあきらかだ。あらゆる資料が一致して、反乱が起きたときには、海賊はそれを支援したとしているのだから。

ここでラツィミラフの登場だ。

ラツィミラフの父親はタム Thamo、すなわち「トム Tom」として知られるイングランド人海賊であり、母親はザフィンヂャミスア Zafindramisoa 一族《クラン》の首長の娘ラヘナであったという点では、いずれの資料も一致している。ザフィンヂャミスアはフェネリヴの周辺にいまも存在する。(14) ところが、この先となると、資料は大きな食いちがいをみせる。この海岸に数年間居住したフランス人将校ルイ・キャラヨン(15)によると、ラツィミラフの両親はサントマリーで出会ったのだが、父親は海賊退治のために派遣された遠征隊から逃亡して、かれの生まれる前に亡くなった。妊娠中の寡婦は、亡き夫の武器や財宝の蓄えを相続し、ツィクアと戦うために結成された首長連合に、じぶんの子を王とすることを条件に、そのすべてを寄贈した。この筋立て《ストーリー》は、ベツィミサラカ連合の誕生にラツィミラフが関与していないことを示唆している点で注目に値するが、さまざまな理由から信憑性に欠ける。*4 標準的な説はメイユール(16)のものである。手段は不明だがイングランド当局より名誉回復を認められた父トムは、思春期の息子に教育を受けさせるため、近い年齢のマダガスカル人数人とともにロンドンに送るという、海賊の歴史のなかでも異例の措置をとった。ところが、数ヵ月後、息子はホームシックにかかり、故郷への帰還をもとめることになる。父親は、かれに大量の銃器と財宝の一部を与え、あとはその自由にゆだねた。しかし、この記述には、いくつかの未解決の疑問も

*4 ひとつには、これだと——一般にいわれる戦争の日付もまたまちがっていなければ——ラツィミラフは一七一二年頃に生まれたことになる。そうなると、一七一八年以降、ヨーロッパのさまざまな資料にその存在が記されているにもかかわらず、一七三〇年にはまだ一八歳だったことになってしまうのだ。

残されている。ラツィミラフの父親はいったいどうやって故郷に戻ることができたのだろうか？　どうやって不正にえた富を、一点の曇りなき合法的財産へと転換することができたのか？　子どもたちに教育を受けさせるのに十分なほど立派な体面をどうやって獲得したのだろうか？*5　教育とはどのようなものだったのだろうか？　メイユールが示唆するように、かれはイングランドに残ったのだろうか、それとも息子が重要な役割を演じることになる出来事に積極的に関与しつづけたのだろうか？　それに、マダガスカル人の仲間とはだれだったのだろうか？　メイユールは、前国王［ラツィミラフ］のロンドンへの旅に同行した二人の老人から情報をえたと主張しているが、かれらがだれであったのか、のちの出来事にどのような役割をはたしたのかについての情報はない。

わたしは、これらの問いは取り組むに値するようにおもう。というのも、すべての証拠がこぞって、海賊から発展した一種のクレオール文化が、ラツィミラフやのちのマラタさえも超えて広がっていたことを示しているからだ。海賊は一七一〇年代から二〇年代にかけて、インド洋全域で交易と襲撃をつづけていた。ラツィミラフ自身も、ある資料によれば、(17)マラバール海岸のボンベイなどなどをふくむさまざまな場所に「幾多の航海」をしていたようだ。そして、これまでみてきたように、当時、海賊の顧問を多く抱えていたサカラヴァの宮廷で見習いをしていたようである。(18)後年、かれは信用取引にかんする知識を生かして、外国商人と王国の交易を組織することになる。(19)このような経験を積み、このような知識を身につけたのは、かれだけではないし、海賊の子孫にかぎられてもいないと考えるのが妥当だろう。さらにいうと、メイユールの語りにおいてさえ、マラタが積極的な役割をはたすことはない。ラツィミラフの親しい盟友や同盟者はみな、かれとおなじように海賊や海賊のやりかたに多少なりともふれたことのある若者たちだが、かれら自身は純粋なマダガスカル人であった。その名があきらかになることはまれだが、テキストのなかには折につけ登場す

＊5　ラツィミラフの父親の正体をめぐっては、さまざまな憶測が飛び交っている。メイユール自身は、ラツィミラフの父親は「トム・テュー」であると考えていた。トム[トマス]・テューは、一六九四年にヘンリー・エイヴリーの遠征に参加したニューヨーク在住の有名な海賊である。しかし、これはまったくありそうもない話である。なぜなら、すべての資料が誤っているというのでないかぎり、テューはガンジ＝イ＝サワイ号の攻撃のさいに死亡し、サントマリーに戻ってくることはなかったからだ。いずれにしても、かれの出身地はロードアイランドであって、イングランドではない。ユベール・デシャン(Deschamps, *Les pirates à Madagascar*, 199)は、ラツィミラフの父親は海賊トマス・ホワイトであるという、より信憑性の高い仮説を提唱している。しかし、もしそうだとすると、ラツィミラフが一六九四年に生まれ、ホワイトが一七〇四年にマダガスカルにあらわれ、五年後に飲酒が原因で死亡したとされている、一般的な年代記述には重大な誤りがあることになる。もし自論を提示するとすれば、アンブナヴラを拠点とし、マダガスカルで生まれたみずからの子どもたちにヨーロッパの教育を受けさせようとしたといわれるナサニエル・ノースをあげたい。ただし、そのばあい、[ラツィミラフの留学先は]ロンドンではなく、モーリシャスということになるが(Johnson, *A General History of the Pyrates*, 555)。海賊たちは多数の名をもっていたため、ノースが「タム」と呼ばれていた可能性も否定できない。しかし、年代記述については依然として問題がある。こうした推測のすべてに共通する真の問題は、ラツィミラフの父親が著名な船長であったにちがいないという想定だ。おそらく、一般の船乗りであれば、みずからの子どもに教育を受けさせることに興味をもったり、これほど大量の戦利品を所有したりしないはずだというおもい込みがあるからだろう。しかし、海賊の戦利品は平等に分配されていたわけだし、たしかに乗組員は読み書きできる者を船長に選ぶ傾向が強かったとはいえ、非海賊船のようには幹部と船員のあいだに明確な階級区分はなかった。常識的に考えても、悪名高い無法者よりは無名の海賊のほうが、逮捕されずにイングランドに戻るのは容易だっただろう。ラツィミラフの父親が、一七一六年にモーリシャス[の悪徳]総督から(かなり巨額の)現金払いと引き換えに恩赦を受けた海賊のひとりであった可能性もある。そのため、かれらは逮捕をおそれずに自由に旅ができたのである(Carter, "Pirates and Settlers," 59–60)。

る。たとえば、ラツィミラフとイングランドに同行した二人の匿名の仲間[20]、母方のいとこであるアンヂアンブラ Andriambola、ラツィミラフが最初にアンブナヴラからの逃亡を余儀なくされたさいに同行した少数の親友たち[21]、「最も親密な友人」であり、戦争末期の副官であったツィエンガリー Tsiengaly など[22]。

これらの仲間のなかには、半世紀後にメイユールの情報提供者となった者もいる。だから、出来事で自身のはたした役割を控えめに語ったとしても、おどろくにはあたらない。マダガスカルでは、年長者は自制心がもとめられるのだから。かれらの控えめな態度が、ラツィミラフという人物だけを中心にストーリー全体を展開させようとするメイユール自身の傾向を強めたことはまちがいない。メイユールは、ラツィミラフを、啓蒙のプリンスとして、個人の才覚だけでベツィミサラカ連合を創設した立法者として、描きたかったのだ。だからといって、ベツィミサラカ連合の創設が、ある意味で啓蒙主義の先駆的実験であったという、ここでの主張が否定されるわけではない。一人のカリスマ的な創始者にして絶対的な君主によってすべてが決まるという考えかた自体が、本質的には策略だったのだ。たとえば、海賊船とおなじように、たとえ内部ではほとんどの決定が多数決でおこなわれていたとしても、部外者を圧倒するためには、血に飢えた万能の船長の評判を高めたほうが、都合がよかった。とくに部外者を相手にするときには、万能の王がいるというみせかけを維持することが有効であると、連合の創設者たちは考えたのだ。それに、盗品には事欠かなかったから、内部の労働組織を大幅に組み替えることなく、王宮のようなものをかんたんにでっちあげることもできた。

それゆえ、連合体は、一人物による創造物でもなければ、マラタの集団的創造物でもない。その構想や創設に主導的な役割をはたしたとおぼしき若者たちが、海賊船や海賊の組織形態をモデルのひとつとしたとしても、またおどろくにはあたらない。というのも、結局のところ、かれらが直接に見聞きできる可能性の最も高い異邦の組織形態がそれらだったのだから。ジョンソンの記述であきらかなように、ナサニエル・ノースをアンブナヴラの「船長《キャプテン》」に選んだとき、海賊たちは海上での乗組員の組織方法を意図的に転用していた。これもジョンソンのいうように、かれらのその組織方法は、意識的にマダガスカルの隣人たちに善良なるガバナンスの模範として印象づけようとするものだった。それにヨーロッパやインドに旅したマダガスカル人たちが、海賊とつれだっていた可能性も高い。

最後に一点。歴史家のケヴィン・マクドナルドが「カリブ海のバッカニアの儀礼や儀式と沿岸のマダガスカル人の習慣や文化が融合したハイブリッド文化」[23]と表現するような状況のもとで、ある程度の政治的な総合の起きることは予期できる。このような異種混交《シンクレティズム》は、牛肉を干したり、儀礼的に乾杯したり、義兄弟の契りをむすんだり(海賊のマトロタージュ *matelotage*[この時代の海賊が他の海賊とのあいだでむすんでいたパートナーシップ]やマダガスカルのファティジャ *fatidra*[義兄弟の血の契り])といった例にみてとれる。次節では、そのような観点からメイユールの手稿を再検討してみたい。残念なことに、ラツィミラフの仲間たちがみずからのプロジェクトをどのように考えていたのか、わたしたちは知ることができない。しかし、かれらがそれを通してプロジェクトを実現させた儀礼の形態については、なにごとかをわたしたちは知っている。というのも、それらは民衆の記憶のうちに詳細に残されているからである。

最初の挑戦

メイユールによる物語《ストーリー》はこうはじまる。

一七一二年、当時一八歳だったラツィミラフは、イングランドでの生活に挫折してフルポワント(アンブナヴラ)に戻ったばかりだった。ツィクアに対してアンタヴァラチャ(北の民)を結集させるには、ある種の劇的なやりかた、すなわち「電撃戦 *coup d'éclat*」しかないと考えたかれは、いとこのアンヂアンブラに、コメをつめたウシの角笛をもたせるだけでなく、白いフェラナ felana つまり記章《バッジ》(戦争での所属陣営を示す伝統的マーカー)を額に装着させ、ツィクアの首都に送った。[*6] 王の繁栄を祈念して角笛を捧げながら、アンヂアンブラはこう申し立てた。ラツィミラフがご先祖さまにおうかがいをたてたところ、ご先祖さまはこうお告げをくだしました。ツィクアの戦争首長ラマンガヌは北部の領土にはなんの権利ももってはおらぬ、もしラマンガヌがわれと平和に暮らしたいと望むのであれば、自領に退去すべきである。とはいえ、ご先祖さまは、こうもつけくわえた。ツィクアが最南端の港であるタマタヴの支配権を保持することは認めよう、さすれば、ツィクアの民が異邦との交易からいっさいしめだされることもないだろう、と。ラマンガヌが軽蔑の態度でもって応じたことはいうまでもない。かれは角笛を受け取らないばかりか、返礼をも拒絶した。そのうえで、ラツィミラフにただちにフルポワントを去るよう警告する。さもなくば「火打石とマスケット銃」

を送ることになろう、と。

ラツィミラフは数人の仲間とともに、所持していたお金と銃器を携えてサントマリーへと逃げた。この最初のやりとりについて、これまでの解釈ではみすごされてきたある側面に注目することが重要である。この記述では、主人公の父親が息子をロンドンからアンブナヴラ／フルポワントへ帰しているが、具体的にどのような立場でそうしたのかについてはなにも示唆されていない。たんに、ラツィミラフはマラタや地元の首長たちを反乱に結集させようとして失敗した、と書かれているだけだ。しかし、ラマンガヌが使者を通じてメッセージを送ったとき、かれはラツィミラフを一介の一居住者以上の存在として扱っている。

ラツィミラフは、われよりタンヂュカ Tandroka［角笛］もヴァーリ Vary［コメ］も受け取ることはない。しかるべき時に、一戦交えることもあろう。

かの者に伝えよ。ラマンガヌは、マヌル Manoro からアングンツィ Angontsy までの土地に住まう数多の民を統べている。ラマンガヌが、貴君にフルポワントでの居住を許可したとしても、それは貴君の父君がラマンガヌになした奉仕を考慮したにすぎぬ。しかしながら、この地を統べる者たるラマンガヌへの恭順から貴君がまぬかれるなどとしたおぼえはない。ラマンガ

＊6　紛争にあたっては、敵味方を区別するために、各陣営は額にそれぞれ異なる色の記章を装着した。その後の戦いにおいて、ラツィミラフの側は白いフェラナを、ラマンガヌ側は青いフェラナを装着した。

ヌは貴君がすぐれた白人の子息であることは存じてはおるが、それで貴君の異邦人たる事実が消えるわけではないのだ。二等首長の娘の母をもつ貴君に、ラマンガヌと肩を並べる権利はない。ところが、貴君は異邦人たることを忘れ、臣民たるの義務を忘れている。しからば、ラマンガヌは貴君に、フルポワントを捨て、よその地で身を立てることを勧めよう。貴君らの先祖の魂に祈り、霊感をえよ。さもなくばまもなく、おのれの無恥にふさわしい罰を受けることになろう。(24)

とはいうものの、ラツィミラフが父親の家にひきつづき住むだけのために許可を必要としたなどとはありそうにもない。ラツィミラフがこの町のたんなる住人ではなく、なんらかの公的資格を認められていたのでなければ、この一節は意味をなさないのだ。ナサニエル・ノースの死後*7わずか数年しかたっていないこの町には、現役の海賊や引退した海賊、その妻や寡婦、マダガスカル人の親族、商人、取り巻きがまだたくさんいたはずだ。そんな状況で、ラツィミラフの父親はツィクアの同盟者であった。それゆえ、若輩者にもかかわらず、港でなんらかの公的役割をはたすことを認められていたのだろう。おそらく、その教養《リテラシー》、語学力、異邦人との親交の深さによって、交易の仲介役あるいは監督的な立場にあったとおもわれる。

　このことによって、ラツィミラフのいとこであるアンヂアンブラが使者としてメッセージを伝えたという事実にもあらたな意味が与えられる。ラツィミラフはみずからを海賊の子息としてではなく、「ザフィンヂャミスア一族の長」として、母方の先祖の名で語っている。しかも、アンヂアンブラはラツィミラフの母の兄弟の息子であり、本来ならラツィミラフよりも地位が高いはずだが、かれはその使者、つまりいとこの部下にすぎない。ということは、ラツィミラフはいとこをラマンガヌの宮廷に派遣することで、事実上、いくつかのことを同時におこなっていたことになる。すなわち、まず、ラツィミラフは、規範に従うならば「娘の子」である二次的リネージ[分家]の出身であるにもかかわらず、クラン内におけるみずからの優位性を主張していたということ。それと同時に、ツィクア連合の権威を拒否していたということ。それらによって、非ネイティヴたるマラタの地位によってえられた役割と、みずからを劣等な地位においていたクラン・システム、その両方を拒否していたのだ。

大カバリ

話を戻すと、反乱軍の小集団は、サントマリーを離れ、さらに北のアントンジル湾入口、マナナラ川河口に位置するアンビツィカAmbitsika村に拠点をかまえた。かれらの果敢なる抵抗は広く称賛の的であり、周辺のクランのパンザカたちが、ウシ、コメ、ヒツジ、トリなどを携えてやってきては、かれらに贈った。ついには、かれら全員が盛大なカバリに招待されるにいたる。

*7　もしノースが実際に死んでいたとしたら。かれが殺された日付は不確かであり、ベッドでかれを殺したとされる無名のマダガスカル人の敵がツィクア、あるいはツィクアの同盟者だった可能性さえある。

本書の文脈では、メイユールのこのカバリの記述から二つのことが読み取れる。第一に、女性の排除、第二に、あきらかにマダガスカルと海賊の習慣を混ぜ合わせた政治的儀礼の採用。

女性の排除は、ツィクアとベツィミサラカという二つの競合する共和政体の創設が、沿岸の「女たちの都市」に対抗しての男性権力の復権であったことを如実に示している。すべての主要な創設集会に、あきらかに女性は参加を禁止されていた。しかも、これがいかに異例であるか、資料も承知しているようだ。以下は、メイユールのテキストの該当箇所である(削除された一文に注意せよ)。実はこの一節は、メイユールの原稿のなかで最もはっきりと民族誌的である。

> マダガスカル人は、それがどのようなものであれ、特定の目的をもった複数個人の集まりをカバリと呼ぶ。友人、家族、村落、部族、地域全体のカバリがある。~~女性は参加しない。~~カバリの重要性は、その目的しだいである。好奇心旺盛で、あたらしいものが大好きで、時間を気にしない人びとのあいだでは、すべてがカバリの材料となる。カバリが開かれるのは、旅人の冒険を聞くためかもしれないし、遠くで大砲の音を聞いたとか、沖合で船をみた、白人の新顔が商品をもってやってきたとか、そういうことを報告するためかもしれない。そうなると、意見は百出である。どれほど些末なことがらであっても、真剣に取り上げられないものはないのである。報告はたいてい、おもしろおかしく潤色されているが、その場にいる全員が耳を傾け、全幅の信頼を寄せる。演説は二時間も三時間もつづくこともあるが、話し手が終了を告げないかぎり、中断されることはない……。全員が地面に座り、足を曲げ、両腕を胸の上で組み、あ

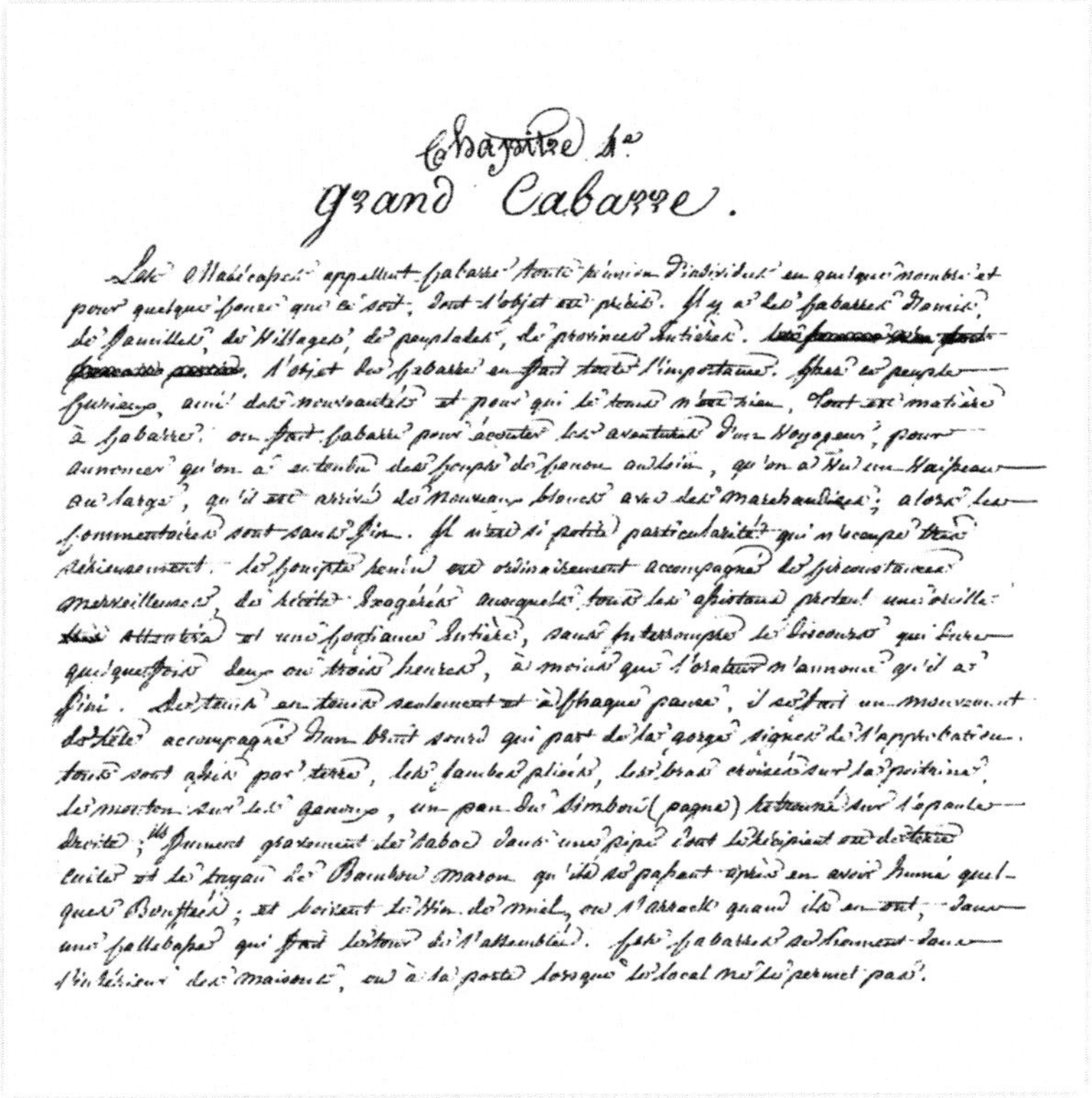

Chapitre 1e

Grand Cabarre.

Les Malécaches appellent Cabarre toute réunion d'individus en quelque nombre et pour quelque cause que ce soit, dont l'objet est public. Il y a les Cabarres de famille, de villages, de peuplades, de provinces entières. l'objet des Cabarres en fait toute l'importance. Chez ce peuple curieux, avide des nouveautés et pour qui le temps n'est rien, tout est matière à Cabarre : on fait Cabarre pour écouter les aventures d'un voyageur, pour annoncer qu'on a entendu des coups de canon au loin, qu'on a vu un vaisseau au large, qu'il est arrivé de nouveaux blancs avec des marchandises ; alors les commentaires sont sans fin. Il n'est si petite particularité qui n'occupe très sérieusement. Les récits tenus sont ordinairement accompagnés de circonstances merveilleuses, de récits exagérés auxquels tous les assistants prêtent une oreille attentive et une confiance entière, sans interrompre le discours qui dure quelquefois deux ou trois heures, à moins que l'orateur n'annonce qu'il a fini. Les autres entendent seulement et à chaque pause, il se fait un mouvement de tête accompagné d'un bruit sourd qui part de la gorge, signe de l'approbation. Tous sont assis par terre, les jambes pliées, les bras croisés sur la poitrine, le menton sur les genoux, un pan du simbou (pagne) retourné sur l'épaule droite ; ils fument gravement du tabac dans une pipe dont le récipient est de terre cuite et le tuyau de bambou marron qu'ils se passent après en avoir humé quelques bouffées ; et boivent le vin de miel, ou l'arrack quand ils en ont, dans une callebasse qui fait le tour de l'assemblée. Les Cabarres se tiennent dans l'intérieur des maisons, ou à la porte lorsque le local ne le permet pas.

ニコラ・メイユール『ラツィミラフ伝』より，大カバリの章冒頭ごを膝に乗せ、右肩にシンブ *simbou*(まとい布)をすこし折りたたんでかける。タバコは、テラコッタのボウルに竹の茎をつけたパイプで吸い、数度吸ったあとにまわす。ハチミツ酒やアラックがあるときは、集会でまわされる瓢箪に入れて飲む。このカバリは家のなかでおこなわれるが、スペースがないばあいは戸外でもおこなわれる(25)。

ここで描写されているのはたしかに男性の社交だが、女性の排除についてのフレーズが、いったん書き込まれて、そのあと線で消されている。つまり、著者、ないし編者は、この女性の排除を、消し線によって訂正しているのである。実際には、町でも村でも、女性は日常の政治的議論から排除されていなかったからだ。ベツィミサラカでも、東海岸をさらに下ったタナラ人 Tanala[†1] にはおなじみの、女だけの集会(*kabarin'ny vehivavy*)を開いて、女性にかんする問題(たとえば女性に対する犯罪を裁くといった)(26)を議論するという習慣があったかもしれないし、なかったかもしれない。だが、いずれにしても、女性が公の討議から完全に排除されるのはきわめて異例である。この一節が消されているのは、少なくとも一般的にいえば、あきらかに事実に反していたからだ。女性は日常的なカバリのみならず、公の問題が討議され、裁判や神判が開かれていた村のカバリにも参加していたのだから。しかし、メイユールの手稿に描かれた大規模な集会には、女性が参加した形跡はない。ただし、奴隷としてそこにいるばあいは別だ。つまり、贈り物として、身代金のかたとして、あるいは解放されたりしてそこにいるばあいはあった。いずれにしても、このような集会は、妖術師マハウに対する巨人ダラフィフィの優越性、伝統的に男性的な戦争領域の優越性をくり返し確認する機会でもあったのだ。

誓約儀礼

メイユールはさらに、主催者が全員をクランごとに整列させ、「富や権力」ではなく年齢によって序列化する様子を描いている。各クランは、ピサカ *mpisaka* という杖を一本ずつ持参していた。そして「美しき声、よどみなき雄弁、そして特筆すべき才」を備えたこの杖の持ち手に、評議会での発言はゆだねられていた。ラツィミラフは自身の一族《クラン》の杖をふりかざして議事の開始を告げ、合議体《アセンブリー》にむけて呼びかけた。われらが祖先の墓所がいま、ツィクアによって冒瀆されているのだ、と。

ラツィミラフはこの長い演説を、父親が遺した銃器と弾薬の大いなる蓄えを大仰な身ぶりで数えあげてしめくくった。ここに集まりし民の心のなかで、これらかけがえなき品々は、すべての力と繁栄のみなもとである、と。

記憶にあるかぎり、これほど重要な審議が人の心を占めたことはなかった。だれもが、みずからの意見を述べねばならぬと考えた。ある者は、ツィクアに簒奪されたという事実は認めな

†1　タナラはマダガスカル南東部に居住するエスニック集団。「森の民」を意味する。

がらも、それでもゆるぎない力と戦うことに恐怖を感じ、和平に傾いた。またある者は、不幸からの祖国の解放を望みながらも、この内紛が活気ある白人との交易に及ぼす悪影響を恐れていた。また、戦争を称揚し、戦争以外にはない、戦争こそが最も幸福な結果をもたらしうるのだ、と息巻く人びともいた……。この人びとが最大多数であり、したがって、その意見が勝利をおさめることになる。最終的に全会一致で戦争〔をおこなうと〕の決議がなされ、アンタヴァラチャ〔北の民〕の総指揮権はラツィミラフにゆだねられた。

かくして、長時間に及ぶ合意形成のプロセスによって決定がくだされ（オーガナイザーたちは、審議には数日かかるだろうとふんで仮設小屋を建てていた）、最終的に、ラツィミラフが「北の民」連合の戦争首長であるフィルハベに選ばれた。メイユールの説明を信じるなら、抽象的な原則ではなく、先祖代々の権利こそが戦いの根拠である。すなわち、これらは、われらが祖先の土地である。しかるに、われらが祖先の土地は、よそものの侵入により汚され、われらが祖先の墓は、文字通りふみにじられ冒瀆された。生け贄の家畜の頭骨をのせた供養柱は引き倒され、頭骨は土で覆われたのだ、と。

と、ここまではいずれもまったく伝統の踏襲のようにみえるだろう。ただし、根本的にあたらしいなにごとかに着手するさいに、先祖代々の習慣をもちだすのがマダガスカルの一般的慣行であることは留意すべきである。真の革新《イノヴェーション》は、あたらしい同盟を形成する儀礼にあった。

最後のピサカ［の杖をもつ者］が話し終えるやいなや、グループのひとつから盾を抱えた男があらわれ、それをカバリの中央においた。男のシンブ（まとい布）の隅に収まっていたのは、火打石、鉛の玉、火薬、市場で拾った壊れた鍋や皿の古い破片、インゴットか鋳造された金や銀のかけら、そして生姜が少々。男は、盾のなかに、火打石、玉、火薬を、ここにいるアンタヴァラチャの首長の数だけ入れると、それに近くの川から汲んできたヴーレ（竹製の計量器）一杯の水をくわえ、ナイフの先でぜんぶを混ぜ合わせた。それから、首長たちに全員近づくように合図した。

各首長は下腹部あたりを小さく切開された。血が一片の生姜に注がれ、各人が長槍《サゲ》sagaieを盾のなかの混ぜ物にひたし、スプーン一杯分を飲んだ。そのかん、首長たちにかわって司式者がこう宣誓する。「タムの子よ、われらはあなたに従います」。誓いの言葉は、こうつづく。

「祖先の遺産をわれらに返せよ、港をわれらに返せよ、白人との交易をわれらに返せよ」。これが誓いを立てるために呼ばれた首長の数だけくり返された。それからラツィミラフはくだんの混ぜ物を飲む。「わたしはあなたがたの祖先の遺産をあなたがたに返すことを誓う。あなたがたの港と白人との交易を返し、あなたがたの祖先の墓を返す。あなたがたの妻子は、もう白人の船に乗せられることもない。あなたがたの夫は海の砂の上で生け贄にされない。ツィクアの松明《たいまつ》の火で焼かれることもなく、ツィクアの長槍《サゲ》で刺されることもない」

誓いの言葉を述べたこの司式者は、ふたたび熱意を込めて語る。「敵の火打石が火を放たぬよう、敵の火薬が発火せぬよう、敵の銃弾があなたがたに届かぬよう、あなたがたの鍋やフライパンが不足せぬよう、あなたがたの牧場にウシが途絶えぬよう、あなたがたの家にコメがあふれだしますよう！」。血に浸された生姜を首長の数だけ切り分けると、司式者は一人一人に一片ずつ配り、一人一人がそれを飲み込んだ。「幸福の酒〔*rano masina*〕を飲んだのだから、つぎは兄弟愛の力強いパンを食べよ」。かれらはみな手を合わせ、じぶんの席に戻っていった。

生姜、混ぜ合わせられる血、象徴物など、こうした細部のほとんどは、マダガスカルの誓約や呪いの儀礼にかんする文献になじんでいる人には周知のものだ。ファティジャ（義兄弟の血の契り）の儀礼でも、それより度合いは劣るが神判の儀礼でも、基盤をなすのはおなじ論理だ。(27) いずれのばあいも、契りを交わす人びとは、呪文が生みだす精霊を呼びだし、約束を破ろうものなら、恐ろしい罰がくだるようお祈りする。この精霊は、謎めいたこの世ならざる荒ぶる力とみなされているのだ。より手の込んだヴァージョンでは、たとえば、動物が殺害され、切り刻まれることもある。約束をはたさなかったらどうなるか、動物の屍骸をさらすことで、その行く末を警告するのである。このような儀式が実際におこなわれたことを示す最も古い記述のひとつが、ジョンソンの『海賊列伝』にある。(28) アンブナヴラの海賊船長ナサニエル・ノースと無名のマダガスカルの王〔子〕とのあいだにむすばれた同盟にまつわる記述に、それがみいだされるのである。ラツィミラフの大カバリのおそらくわずか数年前に締結されたこの同盟も、ほぼこの古典的な形式を踏襲している。契りを交わす者どうしが手と足の指を絡み合わせ、もしこの誓約を破ったら恐ろしい災厄が降りかかるよう祈るのだ。[*8]

このような同盟儀式にまつわる語りは、それ自体が口承文学の一ジャンルとなっていたようだ。メイユールは、ベツィミサラカ連合を創設した大カバリでの審議は、かれの情報提供者が記憶しているなかでも最も名高いものであったとして、複数の箇所で断片的に議論の応酬を復元しているが、それよりはるかに多くのスペースが誓いの儀式の詳細に割かれている。これは、実際の情報提供者が記憶し、かつ語る価値を感じていたという事態を反映していると考えざるをえない。誓約の言葉

*8 「[こうして手と足を絡め合わせたまま]かれらは相互に友好を誓い、あなたがたの友はすなわちわが友、あなたがたの敵はすなわちわが敵、という。もしこの誓いを破ったら、槍に刺されるなり鰐に食われるなり、はては神に殺されるなり、どうなってもよいといい、われ自身に災いあれ、と呪うのである」(Johnson, *A General History of the Pyrates*, 405[『海賊列伝』(下)三八九頁])。誓約儀礼にかんする後世の記述では、弾丸、火薬はみられないことを一応付記しておく。ただし例外はある。それは高地におけるこうした誓約[儀礼]の最初の記述であるウィリアム・エリス William Ellis の *History of Madagascar*(vol. 1, 188–89)のうちにみいだせる。そこでは、儀式は呪文と健康や繁栄のねがいを結合させているという点で、やはりメイユールに記述されているものとよく似ているのだった。半世紀後の同地方でのマダガスカル語による記述(Cousins, *Fomba Gasy*, 91–95; Callet, *Tantara ny Andriana eto Madagascar*, 831–51)では、すでに銃や祝福がみられず、この点で、わたしが今日、情報提供者から問わず語りにえた記述と似ている。

や身ぶりは、独立宣言であり、かつ憲法［政治体構成の］《コンスティテューショナル》条文でもあった。この儀式を通して、あたらしい政治的現実が生みだされ、かたちづくられたという意味で、文字通り構成されたのであるから。

もしそうだとすれば、メイユールが報告した誓約儀礼が（メイユールは、この誓約儀礼だけでなく、のちにベツィミサラカ連合が成立する過程で報告された類似の儀礼についても記述しているが、それもふくめ）、通常のモデルとはいちじるしく異なっていたことは、とりわけ意義深い。主要な差異は二つある。

第一に、あきらかに伝統的なマダガスカルの誓約儀礼と海賊の誓約儀礼の混成体であること。サントマリーのマダガスカルの首長たちが、客人に火薬を混ぜた海水を飲ませたというダウニングの一節をすでに引用したが、「それは、かれらが海賊から学んだ儀式だった」[29]。この儀礼では、火打石やマスケット銃の弾も使われているが、火薬がいちばん重要な要素であることは、首長たちがそれだけは各自奉じていることからもあきらかである。

第二に、誓いを破った者を罰するためにこの世ならぬ精霊を呼び寄せるという通常の誓約儀礼の形式をとっていないこと、誓いを破ったばあいに降りかかる災厄を表現する象徴的な対象物が存在しないこと。これはきわめてめずらしい。実際、マダガスカルのファティジャ（誓いの儀式）について、耳にしたり、フィールド調査で目撃したりしたものをふくめて、そのような災いを呼び起こす儀礼が中心的な位置を占めていない、ましてやそれが完全に省かれているものを、わたしはほかに知らない。ここでは、呪文は、敵の災厄を祈るばかりなのである。敵の弾《マスケット》が的を外すよう祈るマダガスカルの銃のお守り（ウディ・バシ *ody basy*［弾丸から身を守ってくれるお守り］[30]）のようなものだ。そして(たとえば)生け贄における のと同様、呪文は参加者全員の健康と繁栄を祈願する。こうした要素は、マダガスカルの政治的合意には通常みられない。この異例性を解釈する方法はただひとつ。つまり、その異例性が語るのは、ここで生まれた政治体が、本質的に強制によって創設されたものではないこと。さらには、古典的な社会契約論にみられるような、いったん自発的に引き受けた責任でも、引き受けた瞬間に強制になる、といったものでもないこと。そうではなく、そこにみいだせるのは、(銃器と火薬のような)破壊的力を集団の繁栄と幸福に転換させる集合的変革だったのである。

マダガスカルの政治的協約の多く、そしてアフリカの政治的協約の多くが、そのような古典的な社会契約の形式を踏襲しているのに対し[31]、少なくともメイユールの記述するベツィミサラカの契約は、意図的にそのようなやりかたをしない道を歩んでいるようにおもわれる。つまり、それは、社会秩序を維持するために暴力を社会の内側にむけ返さず、むしろ暴力をなにかまったく別のものに転換させようとする試みであるようにおもえるのだ。

王になったラツィミラフ

とはいえ結論を急がないようにしよう。というのも、その後このような誓約儀礼がおこなわれるようになったとき、先に述べたあたらしい要素(「敵の災厄を祈る」呪文、集団の繁栄と豊穣の祈願)もつねにそこにみられるが、そのいっぽうで最後に「誓約を破る者への」呪いがつけくわえられているからである。ここで、話を早送りしよう。あらたに編成された軍隊がフェヌアリヴの港町に上陸し、包囲した。ツィクアはこの町の近くの広大な湿地帯を利用してコメを栽培し、通りがかりの船に売っていたようだ。最初の何度かの小競り合いのあと、［ラツィミラフの軍勢は］ツィクアを、巧みな策略によって油断させた。そして、かれらがコメの刈り取りをおこなっている最中に待ち伏せしたのである。かれらは赤い泥を落とす余裕もなく逃げだした。すかさずラツィミラフは、ツィクアを「ベタニメナ Betanimena」すなわち「大いなる赤土」と揶揄することになる（それ以来、かれらはそう呼ばれている）。こうした巧みな攪乱戦術のおかげで、「北の民」［ベツィミサラカ連合］がフェヌアリヴを奪い、ラマンガヌは山あいの都に封じ込められた。そうなると、補給路を維持するのもむずかしくなってくる。こうしてかれは、和平を申しでざるをえなくなった。フェヌアリヴとアンブナヴラの割譲はやむなし。しかし、最南端の港タマタヴの支配権は保持させてほしい、と。

ふたたび大カバリが開かれた。そこでラツィミラフは、この和平協定の受け入れをためらっていたパンザカたちの説得に成功する。タマタヴのベツィミサラカがなんらかの危害をくわえられたら、ただちに戦争を再開すると約束することで。その結果、ラツィミラフはベタニメナ［ツィクア］から「フルポワントの王」（アンブナヴラのパンザカ）として承認され、同時にベツィミサラカからは恒久的な戦争首長として認められた。つまり、ベタニメナとのあらたな紛争が発生したばあい、ベタニメナを攻撃する作戦の指揮をまかされたのである。

ラツィミラフとその仲間たちは、北部のパンザカたちが地元に戻らないうちに、アンブナヴラで最後のカバリを開催し、「永世首長 chief in perpetuity」なるあたらしい役職がもつことになる権利と義務を厳密に規定した。ここでもまたメイユールのテキスト[32]は、政治的な取り決めについてはあきらかにしていない。そのかわり、儀礼の細部については、いささか力を割いている。まず、集まったパンザカの一人(どのパンザカかは書かれていない)が、ラツィミラフがラマルマヌンプ Ramaromanompo(「多数にかしずかれし者」)という名称をもって、その地位を子孫に継承させる権利を有する恒久的リーダーとなること、そして集まった者全員が以後ベツィミサラカと呼ばれることを宣言した。段取りはすべて、事前に準備されていた。以下をみれば、それがわかる。

演説者が話し終えるやいなや、司式者が金、銀、火薬、生姜の入った盾を携えてあらわれた。すべてのパンザカが前にでる。司式者が、かれらの下腹部に切れ目を入れた。生姜についた血を集め、壷に水を注ぎ、混ぜ合わせたあと、盾を叩いて、契りを交わす者に長槍《サゲ》の先を浸すように告げ、二歩下がり、体をまっすぐにして目を天にむけ、つぎの言葉を発した……すべての善良なるものの上にましします善良なる神よ、民の護りの霊魂よ、先祖の善良なる魂よ、この数多の民がむすばんとする契りの証人となりたまえ。この契りに忠実である者には好ましきその目をむけ、違背する者からはその目をそむけたまえ。

この誓約の祈りのあいだ、契りを交わす者たちは二つの手、二つの足先を押しつけ合いながら、たがいに深い沈黙を守った。それが終わると、生姜が配られ、かれらはそれを食した。そして、盾のなかの飲み物がさしだされ、それぞれスプーン三杯ずつ飲んだ。最初にさしだされるのはラツィミラフである。さしだした者は、かれが口にふくんだ瞬間、大声でつぎのようにいう。「アンヂアミスア Andriamisoa の子よ、おまえは神と父祖の御前で飲み干すのだ、おまえの民への愛、やさしさ、護りよ。首長らよ、そなたは、服従と忠誠を飲み干しているのだ。忠実なるとき、そなたらの富もいや増すように。そなたらの敵の火薬に力なく、その石に火がなく、その弾丸がなんじらに届かぬように。田畑よ、海辺からアンブヒツィメナ Ambohitsi-mena 山の頂上まで広がるように、家畜の群れよ、広大な平原を覆うように、子どもらよ、木の葉のごとく増えるように。飲み水も鍋も尽きることなきように」。この祈りは、誓いを立てる相手の数だけくり返された。

飲み干されたあと、盾は地面にむけてひっくり返された。何度か回転させながら、いくども司式者はこうくり返す。「誓いを守らぬ者は、長槍で突かれよ、骨は袋に縫い込まれよ」。呪いを唱えて儀式を終えると、すべての首長は腕を組み、この［腕を組むという］善意の共通のしるしによって、われらは兄弟であり、永遠の友であることをあかしだてた(33)。

この呪い、そして腕を組む儀礼の形態は、先に引用したジョンソンの記述にみられた、アンブナヴラのノース船長とそのマダガスカルの同盟者とで交わされる血の契りと、ほぼ同一である。誓約のあとには二〇頭のウシが供犠にふされ、そのあと女性が祝福の踊りを披露するため、男性は戦死者を称えて歌うためにキャンプに入る。

この時点で、メイユールの文章にきわめて奇妙なことが起こるのであった。かれはこの章の冒頭で、集会は新王の権限の範囲を画定するために招集された（画定されないままであれば、この永世首長は

「なんの意味もないたんなる肩書きにすぎない(34)」と明言している。ところが、儀礼を説明し終えるや、たちまち考えを変えたようなのだ。というのも、かれはこんな段落を挿入するのだから。マダガスカル人にとって権力は本来絶対的なものであって、それを制限するものは王の裁量と人格のみである、と(35)。この評価は意図的に誤解を誘っているようにおもえるが、そのような主張をしているのがメイユールなのか、かれの情報提供者なのかを判断するのはむずかしい。実際、ラツィミラフにそのような権限が与えられたとは、たとえそれが純粋に原理原則においてのみであったとしても、まったく考えにくい(ラツィミラフは、かれ以外の首長とおなじ誓約をしたというメイユールの記述からしてもそうだ)。たしかに、メイユールがその「英雄」にあてがったまごうことなき最高権力は、ベツィミサラカ連合はラツィミラフという人物の並外れた個人的資質の発露にほかならぬという、自身のテキストのテーマと都合よく合致している。ところが、そのいっぽう、新王の権限の範囲を定めたはずの、公式非公式にすすめられたであろう実際の交渉については、なにも語られない。こんな重要な交渉の結果についての情報に、なんであれふれられるのは、最後から二番目の章なのだ(36)。この章で、メイユールは、ラツィミラフの統治術に言及している。それを読むと、ラツィミラフが、各パンザカにその地方の伝統の定める権限を保持させるいっぽう、王の出席するカバリを招集する権利をだれにでも与え、不人気な決定は覆され、好ましくない慣習は廃止されることができるようにしていたことがわかる。

それでも疑問は残る。メイユールの記述の矛盾は、著者の個人的な混乱の産物なのか、それともベツィミサラカの政治体そのものの根本的な緊張を反映しているのか。証拠はあきらかに後者を指し示しているようにおもう。マダガスカルの資料でもまた、君主の権力は定義からして無制限であると、しばしば主張されている。ラツィミラフのかつての仲間たちは、メイユールのような外国人に対してもそう主張したにちがいない。しかし、実際はそうではなかったのだ。

ここで、メイユールの記述はふたたび予想外の展開をみせる。すなわち、ラツィミラフがつぎにとった注目すべき行動は、おなじ海賊の子息である著名なマラタ数名を呼び寄せて、贈り物をし、かれらが地域社会で獲得した地位を脅かすつもりはない旨、内々に請け合うことだった。実際、マラタはラツィミラフの大カバリのいずれにも参加しなかったし、その結果生じた七週間の戦争にも参加しなかった。メイユールは、他のマラタの「嫉妬」と「策謀」について、そして、かれらが反対陣営にくわわるのではないかというラツィミラフの憂慮について、ひんぱんに言及している。[37]

この記述からあきらかなのは、マラタの特権的な地位がすでに存在していたということだ。当時のマラタはまとまった集団を構成していなかった（くり返しになるが、かれらの最年長が二〇代前半であることを考えれば、おどろくにはあたらない）。しかし、ツィクア連合が、それを与えていたのである。では、なぜ新連合の組織者たちは、経済的・軍事的にさして重要な役割をもたないこの集団を、それほど重視したのだろうか？

おもうに、それについては、ここまでに描いてきた、より大きな背景を念頭におかないと理解はむずかしい。これまでみてきたように、海賊の登場がもたらした最初の帰結は、進取の気性に富む野心的な大勢の女性たちが、海賊たちの富と人間関係を掌握するようになったことであった。そのような女性たちのほとんどが、あきらかに有力な血統《リネージ》の出身であった。それゆえ、地元の首長が「王」(パンザカ)を名乗ることができたのとおなじ意味で「王女《プリンセス》」を名乗ることも、かの女たちにはできたのだった。そしてかの女たちは、海賊とともに、その後の沿岸の歴史を支配することになる港湾都市を実質的につくりあげたのである。このくわだて《プロジェクト》を成功させるには、それまで仲介者の地位にあったザフィイブラヒムの勢力を挫くことが必要だった。ラツィミラフは、この種の野心的な女性の息子であったことはいうまでもない。ところが、ラツィミラフの母親はメイユールの話には一度たりとも登場していない(息子の活躍する時点でかの女が死去していたとする根拠はない)。このことは重要である。もし海賊の妻たちが、自身の子どもたちを、ザフィイブラヒムに完全にとってかえ、あたらしく(内なるアウトサイダーである)仲介者カーストに育てあげるという長期的な野心をもっていたとすれば、その子どもたちはきわめて重要な存在であっただろう。そして、成功の鍵は、子どもたちがたがいに(あるいはそれ以外の外国人と)婚姻関係をむすぶよう援助することにあったはずだ。これはのちに、実際に起きることになる。マラタの子どもたちに特権を付与することで、すでにツィクアはこのくわだてにお墨つきを与えていたし、ラツィミラフ自身をも、そのくわだてのコマとみなしてすらいた(ラツィミラフはアンブナヴラでなんらかの役職に就いていたようであるし)。したがって、ラツィミラフはツィクアに挑戦するにあたり、「こうした動きに無関係の」母親の一族《クラン》にみずからを同化させることでツィクアとマラタの同盟の論理を乗り越える必要があった。そしてそれとともに、他のベツィミサラカのパンザカと共通の大義名分を築きながら、あらたな連合体の構想をねりあげたのである。しかし［メイユールの記述にあるように］のちにかれが率先してマラタと交渉しながらも、実質的に交渉相手をしていたのはマダガスカルに残っていた海賊やその妻たちであったようにおもわれる。つまり、あらたな貴族階級の形成をすすめるあなたがたのくわだてを邪魔するつもりはない、［そうメッセージを発して］安心させようとしていたのである。

したがって、メイユールがマラタたちの嫉妬やひそかな策略についてくり返し言及するとき、そこで想定されていたのがマラタ自身（そのほとんどはまだ一〇代だった）や父親（かれら［海賊］の仲間の息子のひとりであるラツィミラフの計画には当初から好意的であったようにおもわれる）というより、それまでさまざまな大カバリから明確に排除されていた母親たちであると考えるのが妥当だろう。[*9] ラツィミラフは、かの女たちの長男に直接訴えかけることで、おそらくかの女たちを迂回しながら、同時に、間接的にかの女たちを取り込もうとしたのだ。

この解釈は、その後の出来事によっても裏づけられる。

）

つかのまの小康状態のあと戦争が再開する。ファリアヴァヒ Fariavahy なる一族《クラン》がタマタヴでの扱いに不満を訴えていた。調停の試みが失敗すると、両者は大軍を動員し、それぞれが同盟をもとめて交渉をはじめた。その後、戦争は何年もつづいた。戦争が終結したのは一七二〇年、ヴァランガルンバトゥVarangarombatoというベタニメナ［ツィクア］の拠点が長期にわたって包囲されたのちのことだった。メイユールによれば、この戦争はそれまでの北東部における軍事衝突とはまったく異なる形態をとっていた。ラツィミラフとラマンガヌの両勢力が、ヨーロッパから借用した近代的な技術を駆使していたからである。それまでは、戦争といえば夜襲（タフィカマインティ *tafikamainty*）が主であったが、対立する勢力はともに、いまや日中の連携作戦、要塞化された拠点の構築、包囲戦の技術を駆使していた。その多くは、沿岸部ですでに一般的だった交易の軍事化の形態の延長線上にあったようだ。実際、包囲された町や軍事拠点にむけてのコメ、家畜、武器、弾薬などの輸送の実行、封鎖、妨害が、そして、長期にわたる戦闘のため最大一万人もの（メイユールはそういうが、まちがいなく誇張である）軍勢の動員が行動の大半を占めていた。たとえ数千人であっても、かなりの期間にわたって十分な補給を維持するには、きわめて高度な兵站術が必要だっただろう。

マスケット銃は、この戦争で特異な役割をはたした。ラツィミラフの大いに有利な点は、二〇〇丁のマスケット銃を個人的に所持していたことで、開戦時にそれを各クランの代表者に注意深く配っている。ロション師によれば、海賊たちの戦争への関与（ロション師いわく、海賊たちはベタニメナに対する「北の民」の反感を煽るべく全力を尽くしていた）は、ベツィミサラカにのみ「武器や物資をきわめて高値で」売りつけることにかぎられていた。だが海賊たちは表向きベツィミサラカを支援する

＊9　マダガスカル語では、嫉妬やねたみ（フィアルナナ *fialonana*、アンカスンパラナ *ankasomparana*）への言及は、とくに秘密の策略とむすびついたばあい、必ずといっていいほど「妖術《ウィッチクラフト》」の婉曲表現となる。

いっぽうで、裏ではベタニメナに、「ヨーロッパ船があらたにフルポワントに寄港したなら、あなたがたの確保している捕虜と銃器やその他の軍需品とを交換すればよい、といった、裏切り的な助言」をひそかに与えていた[38]。その結果、ベタニメナは「敵よりもはるかに物資にめぐまれることになった」。このように海賊たちは両陣営に近代的武器を供給することができたのであった。というわけで、この紛争における銃器の役割を理解することは重要だ。

わたしたちはすでに、マスケット銃にかかわるモノ(火打石、火薬、弾丸)が、儀礼において重要な役割を担う様子をみてきた。たとえば、コメをつめたウシの角が和平の申し入れとして送られたように、火打石と弾丸は敵意の表明として敵に届けられた。誓約儀礼では、この二つのシンボル(マスケット銃の部品と繁栄のシンボル)の組み合わせが使用された。述べたように、通常の意味でのファナフディ(所持者に奇跡的な力を授けるお守り)は、メイユールの記述にはまったくあらわれない。ファナフディは、マダガスカルの戦争ではほぼ組織的に使用される傾向があったし、これまでみてきたように、それ以外の状況ではひんぱんに記録されているにもかかわらず。かれはまた、この地域で活動していたそのような問題のスペシャリスト集団、ザフィイブラヒム、アンテムル、ザフィラミニアなどにも、まったく言及していない。しかし、ベツィミサラカ連合の創設者たちが、海賊を取り巻いていた女性的な領域と自覚的に対立する男性的で戦士的な領域をつくりだそうとしていたのであれば、これらはすべて理に適っている(ここにもまた「ダラフィフィ対マハウ」があらわれる)。

この当時の記述からみると、ファナフディの役割は銃が引き受けていたようだ。マスケット銃は、真の意味で魔術的なお守りそのものだった。つまりそれは、「お守りとおなじように」謎めいていて、奇異で、気まぐれで、危険なものだったのだ。ここで強調しておきたいのは、当時のマダガスカルで入手可能だった銃器は、まったく信頼性に欠けるしろものだったということだ。ヨーロッパ商人たちは、ヨーロッパ人以外には二流の在庫をおろす傾向があったし、熱帯の環境はその使用にあたっての不安定さに拍車をかけた。マスケット銃は、たいてい、まったく発火しないか、致命的な誤射をするかだったのだ。このような武器を戦闘に用いるなど、サイコロを投げるがごとき、危うい賭けだった。通常ではありえないスピードとパワーで遠くの敵を破壊するかもしれないが、手のなかで暴発するかもしれないのだ。まさに、ひとつにはこのような理由から、マスケット銃は、ウディ ody やサンピ sampy と呼ばれるお守りとおなじように、軍の隊列の前に飾られる傾向があり、その使用も、指揮官が空中で発砲して敵対行為の開始を告げるときやジャヴェリン［比較的軽量の投槍］やサゲと呼ばれる長槍で戦闘に突入する前の、最初の一撃に限定されることがほとんどだった。(39) 指揮官としてのラツィミラフは、この分野にいくつかの革新を導入したようだ。とくに、比較的信頼性の高い銃で砦の兵に集中砲火を浴びせ、襲撃する兵の援護とするなど。(40) これはかれが、海賊から学んだとおぼしき技術である。(41) とはいえ、戦闘は依然としてほとんどが接近戦によるものだった。

戦争の戦略の大半は、補給線の維持または寸断に集中していた（これが戦闘を実質的に交易の延長線上においていた）が、実際の戦闘は、ホメロス叙事詩、アイスランド叙事詩、マオリ叙事詩にみられるような、個人の手柄、決闘、挑発や侮辱の応酬で彩られた古典的なまでに英雄的性格を帯びていた。あいつぐ戦闘や同盟関係の変転を説明するよりも、このマダガスカル版『イリアス』の全体を包み込む雰囲気にふれることのできる描写をひとつ紹介しよう。

英雄たちの戦い

ヴァランガルンバトゥ包囲戦の初期、ベツィミサラカ側で最も腕が立ち、名声を博していた戦士は、ファリアヴァヒ一族《クラン》に属する、アンヂアマヘリ Andriamahery という名の若者だった。

サゲの扱い、遠方よりジャヴェリンを投げる技術、ヨーロッパの銃器を使いこなす能力、そしてなによりも勇気と大胆さで、かれはベタニメナ〔ツィクア〕にとって最も手強い敵のひとりとなった。栄光への愛に駆り立てられず、サゲの束を勝ち取って帰還したならば最愛の者に捧げんとねがわぬ、そのような襲撃や戦闘など皆無であった。つねに最前列に立つ姿が、この動機の強さを物語っていよう。かれに従う者を待つものは必ずや勝利である。かれに逆らう者を待つものは必ずや敗北あるいは死である。このマダガスカルのヘクトル〔『イリアス』におけるトロイア軍の総大将にして最大の勇士〕は、いまだおのれのアキレウス〔おなじく『イリアス』におけるギリシア側の勇士〕をみつけておらず、ラマンガヌは、かれの腕により倒された同胞《ベタニメナ》を数えるのをあきらめていた。[42]

忠誠の誓い oath of allegiance こそいまだ立ててはいなかったものの、アンヂアマヘリの忠誠心にラツィミラフは信頼を寄せていた。ある日、ラツィミラフは、補給部隊の進行を阻止すべく部隊の大部分を率いるじぶんを援護して、山中の砦に攻撃をかけて攪乱するよう、かれに命じた。
王子［ラッィミラフ］は去った。アンヂアマヘリは従った。行動開始である。マンヂレジ Mandri-rezy という名の勇猛果敢な老練の指揮官は、兵の先頭に立ち、行く手を阻むものをことごとく蹴散らしていくアンヂアマヘリの姿をまのあたりにし、先の戦いで負った傷ゆえに、この命知らずの男の歩みを止められぬおのれに、憤慨した。すでに四人の部下が倒れていた。三人が柵を越えたところでやられ、四人めは越えたあとに倒された。

マンヂレジはこの光景に耐えられなかった。「猛り狂うウシよ、おまえの角は今日、大地にふれることになろう。そしておまえの角は、ベタニメナの墓の杭にくくりつけられることになろう［斃れることになろう］」。かれはそういうと、ジャヴェリンの束を手に取り、囲いのなかから投げ捨て、サゲにもたれながら立った。

アンヂアマヘリはマンヂレジをみつめた。「そこでなにをしているんだ、じいさん」と、口を開く。「なにゆえ、ここに来た？　家で家族とおしゃべり《カバリ》していたらよかろうに。おまえのいるべきところはそこだ。ほら、おまえは家を離れたことを悔やむことになるのだぞ」。言葉を発しつつ、その逞しい腕が槍を放つ。一本、もう一本とつづく。いずれも、マンヂレジの盾に命中した。三本めは、腰巻きを射抜き、かれをぎょっとさせた。マンヂレジはそれを抜き取った。

「なにゆえ、ここに来たかだと？」「教えてやろう、これがそのわけだ」。槍をつかみ、敵に

むかって投げ返した。「死人とのおしゃべり《カバリ》をおまえにさせてやりたいからさ！」(43)

このような侮辱の応酬が英雄的戦いの特徴であることはおわかりだろう。そんな戦いで名高い二人の戦士が対峙するようなとき、往々にして周囲の行動は完全に停止するものだ。まさにそれがここで起こったのだ。

槍が飛んできてアンヂアマヘリの盾に命中し、大地に突き刺さった。それから両者ともに大きなサゲだけを武器とし、たがいに前進し、猛り狂って打撃を与え合ったのだ。盾のぶつかり合う音が遠くにも響きわたる。戦士たちの大群はその音に引き寄せられ、攻撃をやめ、立ち止まって戦いを見守った。(44)

しかし、事態は予期せぬほうにむかった。アンヂアマヘリが激しい一撃を放とうとしてつまずき、相手のサゲの上に倒れ込み、頭を貫かれたのだ。マンヂレジはすかさず死体をつかみあげ、肩に担ぐと、柵を越えて自陣に投げ込んだ。ちょうどその頃、両陣営は眼下で別の対決がおこなわれていることに気づく。森のなかでベタニメナのカヌー隊を発見したラツィミラフは、勢い余って川に飛び込んだ。ラマンガヌその人と殴り合ったあと、包囲されそうになりながらも、部下に助けられ、壊れた丸盾で雨あられと降ってくる槍をかわした。

ラツィミラフは救出されるやいなや、アンヂアマヘリにまかせた攪乱作戦をおもいだし、急いで戻るものの、そこでその死を知ることになる。

死の知らせにつづき、悲劇的な出来事が語られると、復讐のくわだてもすべてしぼんでしまった。アンヂアマヘリに、もはや助太刀は無用であった。だが、アンヂアマヘリの遺体は祖先の墓に入らねばならぬ。かれは勇敢に死んだ。いずれベタニメナもかれの死を悼むときがこよう。しかしいま、アンヂアマヘリの遺体は敵の支配下にある。野獣の餌食となり、敵の笑いものとなるなど、想像するだにおぞましい。ラツィミラフの魂は、そのおそれでいっぱいになった。かれの望みは、アンヂアマヘリのみ。使者を送ってアンヂアマヘリ［の遺体の請け戻し］を要求する。

マンヂレジ、応じていわく。われ、アンヂアマヘリを倒せり、しからば、われのものなり。身代金なしに引き渡すことはできぬ、と。

「貴公はなにをお望みか?」［と、ラツィミラフはいう。］

「一〇〇頭のウシと一〇人の奴隷だ」［と、マンヂレジ。］

「貴公は運［にすぎぬもの］にかような高値をつけるのか」

「わたしをかく導いたのは、運ではない……ウシ一〇〇頭と奴隷一〇人だ、さもなくば［アンヂアマヘリの死体を］ばらばらにして、手足を売り払う」

「アンヂアマヘリにはもう父親も兄弟もおらぬ。母親と妹があるだけだ」

「それでも［アンヂアマヘリの］ファリアヴァヒ一族が消え失せたわけではあるまい。もし買い請けぬなら、一族はさげすみをもって遇されるであろう」

「わたしはアンヂアマヘリの父でも兄でもない。ファリアヴァヒでもない。しかし、わたしがかの者を、買い請けよう。明日の日の出をもって、一〇〇頭のウシと一〇人の奴隷を支払おうではないか」

「一〇〇頭のウシと一〇人の奴隷だ、約束だぞ」

「約束しよう」

「奴隷はわたしが選んでいいな」

「貴公が選べ」

「アンヂアマヘリ［の遺体］をもっていけ。あの若者は勇敢だった。だが不運であった」

「さあ、かの者を父祖の墓に運んでいこう[45]」

つづいて、弔いの様子が描かれる。アンヂアマヘリの母と妹は[*10]、男たちを鼓舞するために戦いのあいだ踊る、というベツィミサラカの伝統的な習慣に従っていたため疲れはてていたが、親族や奴隷に囲まれながら「鎖、イヤリング、そしてラマルマヌンプ［ラツィミラフ］が与えた珊瑚で縁取られた金の首飾り」と七つのマントで、かれ［の遺体］を飾った[46]。そして、夜明けの二時間前、哀悼と偉業を称える歌声のあがるなか、遺体は木の幹を二つに割ってつくられた棺に納められ、その後、マンヂレジの許可をえて、死去したその場所［「大地がかれの血で赤く染まったまさにその場所」］に埋葬された[*11]。

これらのことは、女性が戦闘の現場にいなかったわけではないことを示唆している。ただ、語り手が言及する必要性をほとんど感じないほど、女性たちは周縁に追いやられていただけなのだ。それから戦争が何年もつづき、膨大な数の人びとが巻き込まれたという事実をおもえば、より一般的な男女のパワーバランスに、この戦争が影響を与えないと考えるのはむずかしい。

翌朝のこと。

ラマルマヌンプは、約束した一〇〇頭のウシを二つの陣営の狭間にさしだすよう命令を下す。マンヂレジが選べるように五〇人の奴隷が、そのあとにつづく。マンヂレジが姿をあらわし、一〇〇頭のウシをベタニメナの柵のなかに導き入れ、捕虜となっている配下のなかから一〇人の奴隷を選んだ。

「おまえの言葉がまことであるとわかった」と、マンヂレジ。「わたしはいつか、おまえとともに誓いを立てよう。虫に食われる死体のために、これほどの富をさしだすとは！」

「勇敢な男の死体だ」、王子は答えた。「その値打ちがあるのだ」

「わたしがおまえのウシをいただくのは、それが必要だからだ。おまえの奴隷をいただくの

＊10　前述の「最愛の者」がどうなったかは不明である。

＊11　メイユールは、後日、「両陣営の民のあいだに平和がふたたび築かれると、遺体はあたらしい布に包まれ、先祖代々の墓に移され、その上に古《いにしえ》よりの供儀の杭が立てられよう」と述べている。この布の包み直しは、のちの高地におけるファマディハナ *famadihana* を先取りしたものである。

は、その奴隷たちがわたしの民だからだ。だが、わたしはウシは返し、奴隷は「じぶんたちの奴隷と」交換しよう。この掘りたての生まれたての大地に誓う」。そしてアンヂアマヘリの墓を指さした。

「ウシと奴隷はとっておけ、勇気の代償だ」

「わたしは物持ちであるから、おまえにお返ししよう。アンヂアマヘリの家族が、その墓で供犠ができるように。わたしは生け贄のナイフも、死者の宴もまだみておらぬのだからな」

「寛大な敵よ、わたしはいつか貴公といっしょに誓いを立てよう。わかった、そうしよう。貴公の贈り物を受け取ることにしよう。そして、いつか石碑の上でいっしょにそれを食するとしよう」

このやりとりのあと、二人の英雄は握手を交わし、別れた。それぞれが自陣に戻った。敵対行為は夜のあいだは中断し、そして再開した。(47)

壮麗な身ぶり、豪奢な贈り物、これらすべてが、自慢話《ボースティング》や決闘と同様に、英雄的ふるまいの本質である。そして、マダガスカルの英雄をヘクトルとアキレウスになぞらえたメイユールは、このような物語がホメロス的な響きを湛えているのを熟知しており、それを強調することをためらわない。だが、このような詳細が五〇年後にも記憶されていたという事実そのものが、「その口承文化において」英雄譚というジャンルがマダガスカルに存在したということ、個人がその強力な資質によって後世にもうたいつがれるごときふるまいをなしえた時代として戦争が記憶されていたことをあきらかにしている。アンヂアマヘリの死にまつわる出来事はとくに重要視されたようだが、それは最終的にひとつになる二つの民族、ベツィミサラカとベタニメナの和解を予感させるものだったからだ。マンヂレジは戦争終結の直前に亡くなっていたにもかかわらず、その息子ザヒンプイナ Zahimpoi-na は父の誓いを守り、アンヂアマヘリの遺体の身代金であった一〇〇頭のウシと一〇人の奴隷をラツィミラフに返した。和平の設立でもって語りをむすぶにあたり、このことにメイユールは言及している。ラツィミラフは、アンヂアマヘリの遺体の移送と儀礼的埋葬にかかったすべての費用を支払った。アンヂアマヘリの遺体は、一族《クラン》の墓の記念石の上で二〇頭のウシが焼かれることで聖化された。(48)

こうして、墓よりはじまった物語《ストーリー》は墓にて終わる。つまり、最初の演説でラツィミラフは、ツィクアによって北の民の先祖代々の墓が組織的に冒瀆されたことを力説した。そしてこの戦争は、おなじ墓に戦死者の何千もの遺体《デッド・ボディーズ》が移されることで終わりを告げた。おなじ墓といえど、いまや一新された墓、あたらしく生まれた民《ピープル》「ベツィミサラカ」の物質的背骨となった墓である。海賊の財宝の多くは、海賊たち自身の妻や娘たちの生きた身体《リヴィング・ボディーズ》「たとえば宝石がかの女たちの身体を飾る装身具となっていたということだろうか」、そしてかの女たちの帳簿を経由して、英雄的贈与の回路に入り、最終的には英雄的な死者とともに埋葬され、ひとつの記憶の骨組みになった。あらたに形成されたベツィミサラカが、それをめぐって組織される、そのような記憶の骨組みに。

宮廷と王国、そしてザナマラタの台頭

多くの財宝がまた、徐々にフルポワントという名で知られるようになったアンブナヴラの新王〔ラツィミラフ〕の宮廷に行き着いたのもあきらかである(王は近くのフェヌアリヴにも別宅をかまえていた)。これまでみてきたように、この時期——つまりヘンリー・エイヴリーとジョン・プランタンの時代からベニョフスキー伯爵の時代まで——の東海岸において、武装した衛兵と宝石で飾りたてた家来でいっぱいの強力な宮廷の外観から、そこに君臨する「君主」がふるう権力の実態をつかむことはできない。少なくとも「権力」の強度が、周辺住民の儀礼的労働力や物質的資源を組織する能力によって測定されるとするなら、そうだ。実際、外部からの侵入に対して部隊を召集する以外に、ラツィミラフが住民を組織することができたという証拠はほとんどない。この点で、かれはそれ以外の戦争首長となんら変わるところはなかった。ラツィミラフは、輸出や旅人に供与するためのコメを保管する倉庫を各主要村につくろうとした。また、通信手段を整備し、道路の拡張を奨励した。しかし、おなじような共同穀物倉庫はすでに存在していたし、港むけの大量物資の輸送も長いあいだ軍事機能とむすびついて存在していた。メイユールは、各地域のパンザカの備蓄の一部(全体のおよそ一〇分の一と推定される)が、首都に輸送され、ラツィミラフ自身の倉庫に収められたというが、その方法は、パンザカ自身の裁量にゆだねられていたとつけくわえている。つまり、このシステムが、多かれ少なかれ自発的なものであったということだ(49)。

ラツィミラフは「使者」として周囲のパンザカのリネージの若いメンバーを何人か宮廷におき、個人的に奴隷を雇って備蓄品を管理させていたが、だとしても、それが官僚制的行政の形成につながったわけではない。また、常設の首長会議のようなものもなく、メリナのファヌンプアナ *fanompoana* 制度(それぞれの出自集団が、王政への個々の儀礼的奉仕の形式にしたがって序列化される)のようなものを、ラツィミラフがつくろうとした形跡もない。クランは序列化されないままだったのだ。考古学者は、前述のように、集落のヒエラルキーを示唆する証拠をなにも発見していない。またパンザカの三つの身分制度も、ベツィミサラカ連合創設以降には、もはや言及されなくなった。ザフィイブラヒムも、その他の儀礼専門家カーストと同様、公式な承認は受けず、その特権は更新されなかった。時代遅れのエリートたちの衰退は、もはやおしとどめようのないものであったようだ。

これに対する唯一の例外は、もちろんマラタ(のちのザナマラタ)自身である。戦争の最終段階において、ラツィミラフは、戦闘年齢に達したマラタにみずからの陣営や分遣隊を編成する権限を授け、可能なかぎり指揮権を与え、そしてなによりも他のベツィミサラカたち(もちろんそこにラツィミラフ自身もふくまれる)を拘束する誓約からマラタをひとつの階級まるごと免除した。(50) 後者は注目に値する。というのも、事実上、これらの誓約が政治社会を構成していたため、マラタは政治社会の外側に立つものとして、すなわち、一種の永続的な外来貴族 stranger-nobility として構成されたからである。

このことは、時間がたつにつれてむしろ真実味を増していった。ベツィミサラカ連合の創設が、海賊と手を組んだ女性たちの自己主張に対するいわば男性による反撃であったとすれば、マラタの台頭は反撃に対する反撃であったといえるかもしれない。王自身ではなく、かれを王位に就けようとした男たちの視点からすれば、問題はラツィミラフとそれ以外のマラタとを区別するものがなにもなかったことだ。かれの父親はふつうの船乗りであり、母親の所属していたクランも傑出していたわけでも格式があったわけでもなかった。ラツィミラフが相続した戦利品は相当のものではあったが、きわだって大きなものであった証拠はない。それに、いずれにせよ戦争が終わる頃にはそのほとんどを使いはたしていた。他のマラタについては、成長するにつれて、その母親や母方の親族が、海賊たる父親に肩を並べるごとき人物(すなわち、銃や奴隷や異国の贅沢品に囲まれた大胆な戦士でありながら、異邦の商人などの訪問者と親しく接することができるような人物)に仕立てようと最善を尽くしたようだ。ラツィミラフは数あるマラタの首長の一人にすぎないと主張した一七三〇年代のコッシニーのような訪問者の混乱を誘う証言も、おそらくはラツィミラフ自身がダウニング提督にじぶんの父親は最も有名な海賊であると戯れにほのめかしたことも、このように考えれば説明がつくだろう。

母親たちはまた、マラタどうしで結婚してむすばれあうよう、力を尽くしたようだ。これが重要であったことはいうまでもない。というのも、戦争開始時のバラバラで異質な一〇代の若者たちの集まりを、独自の社会階級、すなわちザナマラタ(「マラタの子どもたち」)、そして最終的にはザフィマラタ(「マラタの孫たち」)に変えた(いまだそう呼ばれている)のは、まさにそれだからである。この集団[51]のその後の歴史は、今後の研究対象となりうる肥沃な領域だ。なにしろ、なぜかだれもザナマラタの系統的な民族誌的調査をおこなったことがなく、またかれらの口承伝承を収集しようと試みたこともないのだから。しかし、(いささか恥ずべき事態であるが)依然として最も詳細な資料である、アルフレッド・グランディディエの『マダガスカルの民族誌 *Ethnographie de Madagascar*』によれば、ザナマラタのリネージはしだいに、ベツィミサラカのタリキ(クラン)のほとんどの内部で、支配的リネージとしてみずからを確立していった。[52] 同時に、ザナマラタ全体が、ベツィミサラカとの差別化に気を配っていた。あれやこれやのザナマラタの一族は、典型的なベツィミサラカの生活の一部分をこれみよがしに否定することで自身を区別したのである。たとえば、田畑の仕事での典型的な性別役割分担を無視したり、[53] 男児の割礼儀式をおこなわなかったり、[54] あるいは死者を直接家族の墓に埋葬することで仮埋葬の習慣を否定したり、などなど。[55]*12 いいかえれば、それぞれの地域集団が、隣人たるマダガスカル人にとっては異邦人であるが、異邦人にとってはマダガスカル人であるような、外来王子 stranger-princes、あるいはわたしが「内なるアウトサイダー internal outsiders」と呼んでいるような、独自の地域階級《ローカル・クラス》をもつようになったのである。

＊12 シッラ(Sylla, “Les Malata”)は割礼の拒否にふれているが、それを海賊を出自とする者の典型的特徴とした。これをブロック(Bloch, “Questions historiques”)がとりあげ、それゆえザナマラタは本質的に父系制を拒否し、「祝福による母系帰属」を通してのみ親族関係を形成していると示唆した(Mouzard, “Territoire, trajectoire, réseau”なども参照)。しかし実際には、グランディディエの最初の記述はもっと控えめなもので、かれは特定のリネージ(ザフィラーベ Zafy Rabe、ザフィンバラ Zafimbara、ザフィンヂャミスア、その他アントンジルやフェネリヴ周辺の数リネージ)しかあげていない(Mouzard, “Territoire, trajectoire, réseau”)。このリストは奇妙なもので、ザフィンヂャミスアはもともとザナマラタではなく、ラツィミラフの母方のリネージである。

逆説的なことに、この小外来王子の増殖は、社会全体の平等主義を損なうどころか、むしろ促進する効果があったようだ。「ベツィミサラカ」は、もともとは政治的連合の名称だったが、「それに属する」民衆《ピープル》全体を指すようになった(ここでいう「民衆《ピープル》」とは、マダガスカルでもそれ以外でもよくみられるような二重の意味、すなわちある人間の集合全体を指すと同時に全体から一部を除外した人間の集合を指している。つまり、住民全体を指すと同時に、より具体的にはエリートの一員ではない人びとを指している)。ここには、分裂生成 schismogenesis[†2] の過程が存在したようだ。海賊の子孫たちは、庶民 common people からじぶん自身を切り離そうとした。いっぽう、ベツィミサラカを自認するようになった人びとは、今度は海賊の子孫に対立しながらみずからを定義するようになった。たとえば、シッラの報告によれば[56]、ザナマラタの多くは、ウシの屠殺のために儀礼の専門家(このばあいは、ザフィイブラヒムではなくザフィラミニア)を招く習慣に回帰して、そのような儀礼による処理を受けていない肉を拒否するようになったという。対照的に、ベツィミサラカでは、小リネージごとにタンガラメナ *tangalamena* なる長老を選ぶという独自の慣習が生まれている。タンガラメナは、生者と死者との儀礼的仲介者であるが、当該地域限定の存在であり、ウシの供犠をとくに専門としていた[57]。おなじことが、より微細な日常生活のレベルでも起こっていたようだ。まさに、この時期、旅行者の証言は、マラタの小王子たちの高慢さと独断専横を強調するようになり、いっぽうベツィミサラカの本質的なやさしさ、温和で自制的な態度を称賛するようになったのだから。

　平等主義はいわば想像上の絶対的権力に対抗して、その副次的効果として生まれる。これはマダガスカルでは、ごく一般的な原則だ。メリナ王アンヂアナンプイニメリナ Andrianampoinimerina は、臣民はみなわれに服従しているのだから、臣民どうしは平等であるとよく口にしていたらしい。ジェラール・アルタブは[58]、植民地時代のベツィミサラカの村々において、(たとえば、チュンバ tromba の祭式[†3]で亡き王を呼びだすことによって)この力学の作用がいかに発揮されていたのか、詳細に書き留めている。ベツィミサラカとザナマラタとの関係でも、おなじようなことが起こったようだ。ザナマラタとの関係では、[ベツィミサラカの]だれもが事実上平等であったのだ。時をへるにつれて、この平等は、それ自体がますます価値あるものとなっていった。

†2　この分裂生成 schismogenesis の概念は、David Graeber, “Culture as Creative Refusal” で萌芽的に使用され、デヴィッド・ウェングロウとの共著『万物の黎明』のとりわけ第五章で大きく展開される。以下は仏語版訳注より。「ある種の対立[抗争]する社会的行動を対象とするこの人類学的概念は、一九三〇年代にグレゴリー・ベイトソンがセピック川のほとりに住むニューギニアのイアトムル族をフィールド調査したさいにあみだした。かれはこれを「個人間の相互作用の累積から生じる、個人の行動規範の分化のプロセス」と定義した」

†3　以下、仏語版訳注より。「チュンバとは、マダガスカル北西部に広くみられるブードゥー教に似た儀礼的憑依の一形態である。この用語は、儀礼的祭式にさいして呼びだされる精霊、その精霊に取り憑かれた人間の憑依状態、その人間自身、そしてイベント全体を指す(憑依とトランスのシーンが太鼓の音に合わせてくり広げられ、そこに献酒が盛大に注がれる)。チュンバ祭式の目的は(マダガスカル島の他の地域でおこなわれているビル bilo のように)取り憑かれた者から呪いを解除するのではなく、取り憑いている霊との対話を設定することにある(Ottino, « Le tromba », *L'Homme, Revue française d'anthropologie*, 1965, 84–85 を参照せよ)」

もう一点。ザナマラタの地位は、富と遠隔地とのきずなにもとづくものであり、それは、かれら「ベツィミサラカとザナマラタ」のあいだを差別化する根拠としてはきわめて脆弱だった。こうして、ラツィミラフの宮廷には正当性にまつわる不穏なるジレンマがつきまとった。存命中は、その個性に由来するカリスマと威光によってあたらしい社会秩序の結束を維持することができたが、その地位の子どもたちへの継承が、いばらの道であることも、かれはよく理解していたようだ。ラツィミラフのとった解決策は、マーシャル・サーリンズが「貴族性の上昇 upwards nobility」[†4] と呼ぶものの偉大なる伝統に則って、遠隔地より発する神秘的力の源泉に縁組みを通してむすびつきなおすことであった。かくしてラツィミラフは、何年も前に王の補佐官として仕えていたブイナのサカラヴァ宮廷と婚姻を通しての華々しい同盟を交渉し、息子とその後継者が二つの異なる種類の王家の血筋を誇ることができるようにしむけた。そして、娘のベティア[*13] Betia に他のマダガスカル人、あるいはマラタとすら寝ることを禁じ、宮廷にやってきたヨーロッパ人の訪問者と関係をむすぶことを熱心にすすめたのである。いずれのくわだても悲惨な結果に終わる。ラツィミラフの正妻となったサカラヴァの王女マタヴィは、ふつう王女の身分にゆるされる「水準を超えて」性的自由の権利をスキャンダラスに濫用することで、ハリボテの宮廷とハリボテの王国に常日頃もっていた軽蔑を、世に知らしめた。このことが、かれらの息子であり後継者であったザナハリ（かれの生物学的父親である可能性はほとんどだれにもあると推定されている）の正当性を損ねたといわれている。ベティアは最終的に、ラ・ビゴルヌ La Bigorne と呼ばれる、フランス人伍長で東インド会社の代理人でもある人物と熱烈な恋に落ちたが、かれはかの女の盲目的な愛情につけこんで、ありとあらゆる意味で王国の足場をガタガタにした。

結局、ラツィミラフは放蕩のはてに酒に溺れて死んだとされるのだが、その死は妻たちと愛人たちとのあいだに死闘を巻き起こす。かの女たちはかれが毒殺されたとして、たがいにその罪をなすりつけ合ったのである。(59) 悲惨な最期ではあったようだ。しかし、かれの治世は、その実態はどうあれ、黄金時代として記憶されている。非集権的なハリボテの王国をつくるにあたって、その仲間と同盟者がいかなる手段を使ったにしても、かれらのやりかたは、三〇年にもわたって、この国の全体的な平和と繁栄を維持することに成功し、ベツィミサラカを奴隷貿易の掠奪からほぼ遮断することができたのだ。それもこれも(デシャンのような植民地史家の見解とは異なって)、近代的国民国家のようなものをつくったからではなく、つくらなかったからなしえたことである。これが歴史的な実験であったとすれば、少なくとも一時的にでも、おどろくべき成功をおさめたのだった。

†4　いうまでもなく upward mobility(社会的地位の上昇)のもじりである。
＊13　ベティアはベツィミサラカの女王で、ラツィミラフとブイナのサカラヴァ王女ママディウン Mamadion の娘であった("Madagascar: Hommage à la Réine Betty à Vacoas," *L'Express Maurice*)。

結論

神と人間とは切っても切れない仲でした。ある日、神が人間にいいました。「しばらく地上を歩きまわって、なにかあたらしいおしゃべりのタネをみつけようじゃないか」

――マダガスカル民話の冒頭(1)

一七世紀から一八世紀にかけての世界は、わたしたちが通常想像しているよりもはるかに広範な知的沸騰によって彩られていた。本書は、この主張からはじまった。いわゆる「啓蒙思想」が開花をみたのは、パリ、エジンバラ、ケーニヒスベルク、フィラデルフィアといった[欧米の]都市であるかもしれない。しかし「啓蒙思想」を創造したのは、世界を股にかけた、会話、議論、社会的実験だった。大西洋、太平洋、インド洋の海洋世界は、これらすべてにおいて特別な役割をはたした。というのも、最もいきいきとした会話の交わされたのは船上であり、港町であったにちがいないからだ。もちろん、その九九%は永久に失われてしまった。一七二〇年にランター湾に進出した海賊たちは、(クリストファー・ヒルが示唆したように)本当に一六四九年のランター派アビィザー・コップによる「パンフレット」『燃えて飛ぶ巻き物 Fiery Flying Roule』[†1]に影響を受けていたのだろうか? 知る術はいっさいない。さらに、サントマリーで最初の海賊を出迎えたザフィイブラヒムは、みずから主張したように、イエメンのユダヤ人の子孫だったのだろうか？　沿岸部の神にかんする考え方は、グノーシス主義のイスラーム的潮流の影響を受けていたのだろうか？　いずれの問いへの答えも、わたしたちはもっていない。しかし、わからないのは具体的な細部だけだ。たとえば、マダガスカルには、インド洋世界やそれ以外の世界各地から、人、物、思想がひんぱんに到来していたこと。マダガスカル島は長いあいだ、政治亡命者、宗教的反体制派、冒険家、ありとあらゆる変わり者たちの避難所であったこと。これらについては、裏づけをもってそう考えることができる。マダガスカルのその後の歴史から察するに、それはずっと前からそうであった可能性が高いのだ。

　マダガスカルに到着したあと、これらの新参者たちは、すでにそこに暮らしていた人たちととても長い時間をかけて会話をおこなった。この点については自信をもってそういえる。たしかに、会話はつねに人間活動の中心形態のひとつである（すべての人間は、歴史を通じて、働くこと、遊ぶこと、休むこと、そして議論を交わすことに、おおいに時間を割いてきた）。しかし、そのような一般論でいっているのではない。マダガスカルでは、会話術がとくに高く評価されているからだ。メイユールはこう書いている。「この好奇心旺盛な人びと、ニュースに目がなく、時間のふんだんにある人びとのあいだでは、あらゆることがおしゃべり《カバリ》のタネである[2]」。そしてここには［おしゃべり＝カバリという言葉が表現しているように］、公式の集会から家族や友人間の日常的な集まりまで、はっきりと連続性があることがおわかりだろう。実際、議論や討議、ウィット、物語り《ストーリーテリング》、巧みな言葉遊びのたのしみは、マダガスカル文化のとても魅力的な要素である。かれら自身、そうだれもが感じるだろうし、感じるはずだと考えている。たしかに、その言語を十分に理解できる外国人にとって、たいていそれは魅力的なのである。

一七二九年、ロンドンで『マダガスカル、あるいは、この島で一五年間監禁されていたロバート・ドルーリーの日誌 *Madagascar; or, Robert Drury's Journal, During Fifteen Years' Captivity on That Island*』と題された書物が出版された。この本は、マダガスカルの南方で難破し、長年にわたって奴隷の生活を余儀なくされたイングランド人船室ボーイの歴史とされている。歴史家たちは、この著作の真偽について長いあいだ議論してきた。本当の作者はダニエル・デフォーだと主張する者さえいた。この問題に決着をつけたのは、考古学者のマイク・パーカー・ピアソンである。(3) かれは、本文の地理的詳細の多くがきわめて正確であり、マダガスカルのその地域に住んでいなかった者がそれを知ることはありえない、と証明してみせたのだ。わたし自身は、一九九一年にマダガスカルから帰国してまもなくこの書物を読んだのだが、即座にそれが本物であると確信した。著者がマダガスカル人の妻の魅力について語るさい、かの女の「気のきいた会話」(4) にさかんに言及していること、帰郷してからはヨーロッパ人女性の会話がつまらないと失望していることがわかったからだ。(5) マダガスカルに一歩も足を踏み入れたことのないイングランド人作家なら、このように書くなんておもいもよらないだろう。しかし、わたしにはすぐにピンときた。マダガスカルでは、性的魅力と会話の巧みさは密接に絡み合っているし、その両者があいまってマダガスカル文化を真から魅

†1 アビィザー・コップは、先に述べたピューリタン革命期最左派のランターズのリーダーのひとり。

力的なものにしていると、考えられていたのだから。

これらのことすべてが重要なのは、マダガスカル文化の起源が謎に包まれているからだ。かつては、ボルネオ島からやってきた焼畑農耕民が島に定住し、拡散しながら、その後のアフリカからの移民の波と徐々に融合していったと考えられていた。しかし、現在では考古学[6]の研究により、はるかに複雑な状況があきらかになっている。単一の均質な集団が広がり分化していったのではなく、マダガスカルにはマレー商人やその使用人、スワヒリの都市民、東アフリカの牧畜民、さまざまな難民、逃亡奴隷など、共通点のほとんどない多様な集団が最初に定住したようなのだ。そして、定住をはじめて数世紀のあいだは、かれらは相互にほとんど独立して生活していた。けっして、ひとつの社会を構成していたわけではなかったのだ。ある時点、おそらく紀元後一一世紀か一二世紀頃に、ある種の統合が起こり、現在、わたしたちがマダガスカル文化と考えるものの典型的なパターンや形式のほとんどがあらわれ、島全体に広がりはじめた。このあたらしい文化的混成体《グリッド》は、おどろくほどの成功を収めた。数世紀もたたないうちに、わたしたちは今日と大きく異なるわけではない状況を目の当たりにすることになる。すなわち、広大な島に、はてしなく多種多様な生態系が存在し、住民はほとんど全員がおなじ言語の変種を話し、おなじ物語の変種を語り、ほぼおなじライフサイクル儀礼の変種を実行している、あるいは、容易に識別可能な単一の文化的混成体が、おびただしい数のローカルな表現をともなって定着している、と、こういった具合だ。なぜこのようなことが起こったのか、わたしたちにはわからない。それが、自覚的な政治的プロジェクトの結果ではないこと、少なくともトップダウンの政治的プロジェクトの結果ではないことはたしかである。

つまり、当時の支配者たちは、島を統一する手段をもっていなかったし、ましてや統一された文化を人びとに押しつけることもできなかった。むしろ、この文化は、都市的な港町のエートス(宮廷生活や一神教的崇拝といった)に対する広範な拒絶の上に成立してきたようにおもわれる。(7) マダガスカル人であることは、当時もいまも、海で生まれた異邦人のやりかたを明確に拒絶することであったようなのだ。このあたらしい文化的混成体が、どのようにして全長にしておよそ一〇〇〇マイルにわたるこの島に住むほぼすべての人を取り込むようになったのかはわからない。しかし、どのように起こったにせよ、セックスと会話が中心的役割を担ったにちがいない。

それはいまも変わらない。マダガスカルには、おそらく一〇〇〇年前から異邦からの訪問者がやってきて、事実上吸収されてきた。万人がというわけではない。ある者は滞在しては去り、ある者はアンタラウチャ[第一部「サントマリーの実体経済」参照]のように小さな飛び地を維持している。しかし、大多数はマダガスカル人となり、その子孫はいまやそれ以外のだれとも見分けがつかないのだ。くり返しになるが、このようなことが起こった歴史的力学をわたしたちは完全に理解しているわけではない。たとえば、マダガスカルで「エスニック・グループ」と呼ばれるものが形成されるにあたって、移民が重要な役割をはたしてきたようだ。だがそれは、通常イメージされるような仕方によってではない。島全体における言語的差異は小さいため、差異は一般的には地理的に規定されるか(「砂の民」「森の住人」「漁民」など)、あるいは、内なるアウトサイダーである集団と対立するかたちで規定される。内なるアウトサイダーとは、たとえば、コーランではなくアラビア文字で書かれたマダガスカル語の魔術の教科書しかもたなかったのにムスリムを自称したアンテムルの司祭王や、ブイナやメナベのサカラヴァ王国を建設した冒険家による王朝などである。(8) こうした集団はつねに、みずからをかれらに対立するかたちで規定することでひとつの民族《ピープル》となった人びとに、よそものとみなされていた。たとえば、ザフィンブラメナ王朝に仕える人びとはみな、たとえその時々で大小いくつもの王国に分裂していたとしても、また支配者がサカラヴァでなかったとしても、じぶんたちをサカラヴァだと考えるようになったし、ザナマラタのかたわらで暮らし、ザナマラタに対立させるかたちでみずからを定義していたすべての人びとは、たとえ［その］ザナマラタ自身はベツィミサラカであろうがなかろうが、ベツィミサラカであった。

実在のリバタリアⅡ――ベツィミサラカ連合

こうしてみると、マダガスカルを啓蒙の政治的実験の場とみなすなど、見当ちがいであるようにおもわれるかもしれない。多くのアウトサイダーがマダガスカルの新興文化に巧みに誘惑され、そのうちに取り込まれていったからといって、そして文化の担い手たちがいまでもその魅力を誇っているからといって、この混成体《グリッド》があらゆる差異をたんに消し去ったと考えるべきではない。マダガスカルの諸社会は、それぞれ独自のやりかたで、きわめて国際的《コスモポリタン》であったし、ずっとそうであった。ジャワからオマーンまで、インド洋のあらゆる地域からマダガスカルを訪れた人びとは、そこで出会った住民と幾度となく長い会話を交わしたにちがいない。旅にでたマダガスカル人が、帰郷後にそうしたのとおなじように。もちろん、こうした会話のほとんどは消え失せてしまった。あるいは、せいぜいあいまいで不確かな痕跡しか残されていない。でも、たいていはそれすらない。ただ、そうした会話があったはずだということがわかるだけである。

マダガスカルの海賊の歴史とベツィミサラカの台頭を、この観点からもう一度考えてみること。この本で本当にやろうとしたことは、それだ。海賊船は、大胆不敵な恐怖の物語に囲まれていた。みずからそのような物語でもって武装し、よろいを固めていたとさえいえる。しかし、船上では、かれらは会話、熟慮、議論を通じて、事をすすめていたようにおもわれる。サントマリーやとくにアンブナヴラのような集落は、自覚的にそのモデルを陸上で再現しようとする試みであったようだ。海賊王国の荒唐無稽な物語は、将来の異邦の友人や敵を威圧することを意図したものであり、内部では、それと並行して平等主義的な熟議のプロセスが注意深く発展していた。しかし、海賊たちが定住し、野心的なマダガスカル女性と同盟をむすび、家庭を築いていく過程そのものが、かれらをまったく異なる対話の世界に引きずり込んだ。これまで論じたように、マダガスカルの王女が恋の魔法(ウディ・フィティ)を使って海賊を陸に誘い込んだという話の本当の意味はここにある。マダガスカル共同体の生活に引き込まれるということは、隠された[権]力と意図をめぐる、はてしない議論、推測、討論の世界に、必然的に巻き込まれるということである。そして、このあたらしい言説の世界では、地元の女性があきらかに優位に立っていた(いうまでもなく、マーヴィン・ブラウンが指摘したように、海賊が話し合いの世界を捨てて単純な暴力に訴えようとしても、かれを殺害するくらいはかんたんであったはずだ)。

その結果、多くのマダガスカル人男性が、じぶんたちだけの自律的な会話の輪、つまり大カバリをつくって、そこから女性を完全に排除しようとしたのである。強調したように、わたしたちはこれらの男たちがだれであったのか、その名も経歴もよく知らない。中心人物たちは若かったようだが、広い世界に通じていた。ロンドンやボンベイに旅したことのある者もいた。その多くは、少なくとも初歩的なフランス語か英語を話しただろうし、それ以外の言語(アラビア語、スワヒリ語など)をいくぶんか話せた者もいただろう。読み書き能力もあったかもしれない。ひとつだけたしかなこと、それは、ほとんどの人間が現役のバッカニアや引退したバッカニアと何時間も会話を交わしたということだ。つまり、物語を語り、他人の動機を推測し、金銭、法律、恋愛、戦争、政治、組織的宗教について意見を交わしたのだった。かれらはまた、海賊たちの習慣や生活様式を観察し、みずからが慣れ親しんでいるものと比較する機会も多かった。海賊風の誓い[の儀式]と民主的な意思決定を特徴とする、戦闘中にしか実質的な命令をくだせない疑似専制君主を中心に据えた[ベツィミサラカ]連合体の構築は、なによりもこうした会話から生まれたのだ。

アンブナヴラのような入植地での海賊自身の実験と同様に、ベツィミサラカ連合は、部外者に強い印象を与えるべく設計されていた。少なくとももくろみの一部はそれであった。[巻末の]時系列《タイムライン》を検討してみるだけでよい。連合の創設は、まさにフランスとイングランドで海賊王国と海賊ユートピアが最も熱い議論の的だった時期に対応している。最初に同盟が結成されたのが一七一二年で、この年は、ヘンリー・エイヴリーとその仲間たちによるマダガスカルでの王国建設のファンタジー、チャールズ・ジョンソンの戯曲『成功した海賊 *The Successful Pyrate*』がロンドンで初演された年でもある。それは、王国の起源にまつわるホッブズとロックの啓蒙思想の先駆けである思想を大衆の前に提示した最初の戯曲であると一般的にみなされている。戦争が終結した一七二〇年は、ダニエル・デフォーがエイヴリーにかんする自著を出版し、モンテスキューがフランス啓蒙思想の最初の代表的著作とされる『ペルシア人の手紙』を出版する一年前であった。海賊の使節、あるいは海賊の使節のふりをした人びとが、同盟をもとめてヨーロッパのお偉方に接近したのは、まさにこうした［ベツィミサラカ連合創設の］戦争がつづいている真っ最中のことである。こんなことがヨーロッパ中で話題になっていたのだろうか？　あきらかにそうだった。それに、啓蒙主義が会話形式と独特のむすびつきをもった知的運動であったことも念頭におくべきだ。このことは啓蒙思想を生んだサロンやコーヒーハウスだけでなく、ウィットに富み、軽妙で対話的という啓蒙思想が発展させた散文スタイル（とりわけフランスの）にもいえることだ。まるで、厄介な社会問題や知的問題もすべて、知的討議の明晰な光のうちに溶けてなくなるという信念に突き動かされているかのように。ルイ一五世時代のパリのサロンでは、海賊王国や海賊のユートピアも議論の的だったのだろうか？　そうじゃないことがありうるだろうか。なぜなら、当時、この話題は、事実上あらゆる場所で議論されていたのだから。であるとして、自由、権威、主権、そして「人民 the people」の本質について、サロンの参加者のなかの幾人かがたどりつくことになる（かれらにとって）革命的な結論に、そのような議論が、どのような影響を与えたのだろうか？　推測するしかない。わたしが本書で主張しようとしたのは、端的にいえば、これまでわたしたちはこのような問いを立てることすらしてこなかったということだ。そして、それをほとんど不可能なものにしているのは、わたしたちの構築してきた理論的言語である。かつてわたしは、政治的行為《ポリティカル・アクション》とは、直接に関与している人びとを超えてその影響力を及ぼす行為である、と述べたことがある。つまり、会話でひきあいにだされ、物語られ、歌にされ、絵で描写され、記録され、なんらかのかたちで表現されることによって、実行のさいにその場にいない行為者にも間接的に影響を及ぼす行為――これが政治的行為の最良の定義である、と。(9) とするなら、一八世紀初頭のマダガスカル北東海岸の海賊、女商人、そしてパンザカたちは、言葉の真の意味においてグローバルな政治的行為者だったのである。

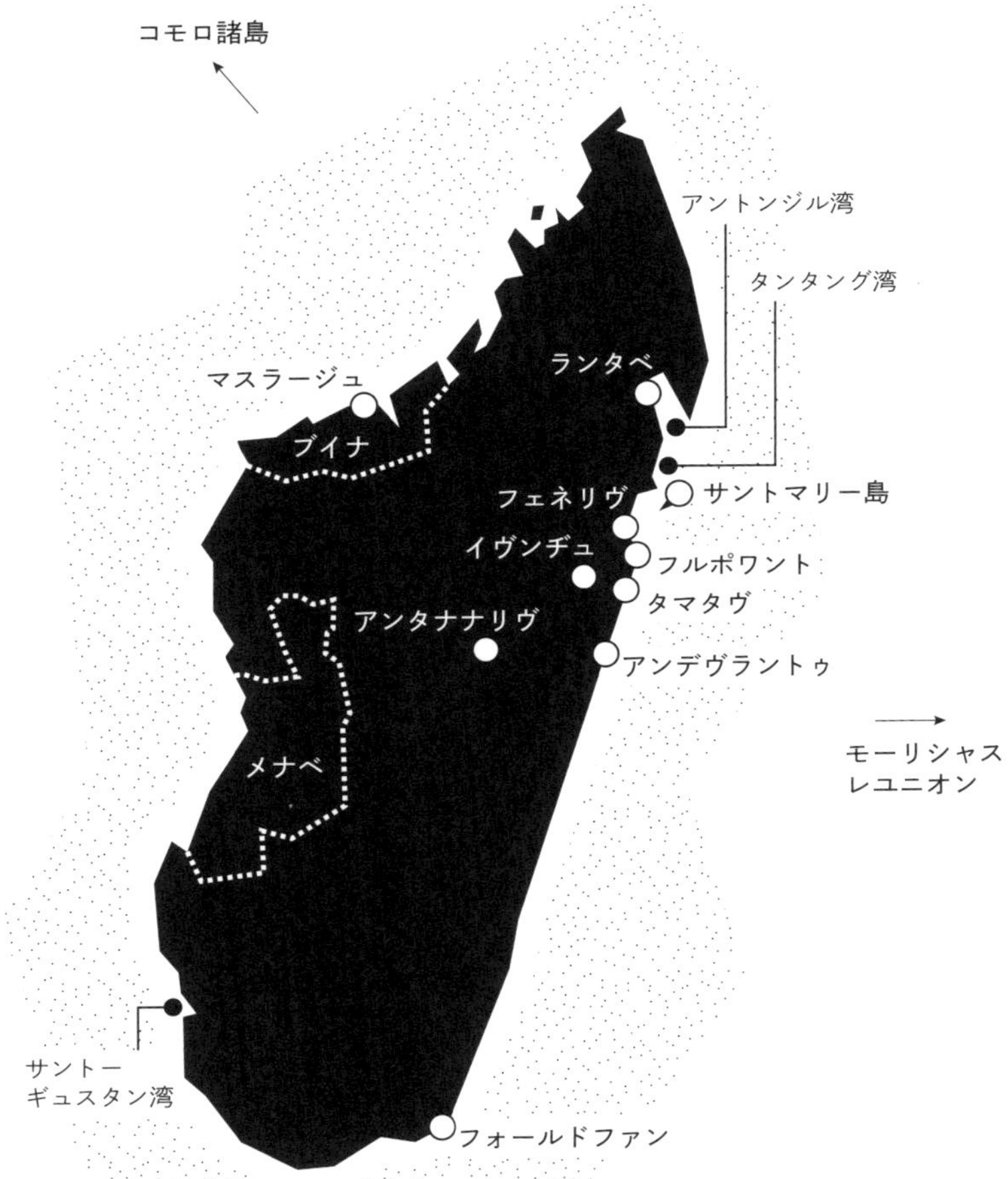

コモロ諸島
アントンジル湾
タンタング湾
マスラージュ
ランタベ
ブイナ
サントマリー島
フェネリヴ
イヴンヂュ
フルポワント
タマタヴ
アンタナナリヴ
アンデヴラントゥ
モーリシャス
レユニオン
メナベ
サントー
ギュスタン湾
フォールドファン

海賊と啓蒙の時系列《タイムライン》

年	マダガスカルでの出来事	ヨーロッパでの出来事
一六九〇	フレドリック・フィリップス、アダム・ボールドリッジ(七月一七日到着)の指揮下でのサントマリー島における植民地設立の資金を提供する。	ジョン・ロック『政府二論』を出版。
一六九三	トマス・テュー、アミティ号でマダガスカルに到着(一〇月一九日)。	
一六九四	ヘンリー・エイヴリー、チャールズ号(ファンシー号と改名)で反乱を起こし船長に選ばれ、マダガスカルへむかう。	
一六九五	ヘンリー・エイヴリーとトマス・テューの乗組員が、ファテ・モハメド号とガンジ＝イ＝サワイ号を拿捕、ムガル帝国の主張によれば六〇万ポンド相当の戦利品を持ち去る。テューは戦死。	
一六九六	海賊掃討のために派遣されたウィリアム・キッド船長、海賊に転向、アドベンチャー・ギャレー号でマダガスカルへむかう。 ロバート・カリフォードがマダガスカルを拠点にインド洋海運を襲撃。	ヘンリー・エイヴリーが「全人類の敵」と宣言され、世界初の国際捜査がはじまる。
一六九七	アンタヌシ王国の残党が海賊アブラハム・サミュエルの勢力下に入る。 年末の反乱によりサントマリーの砦が破壊され、それ以外のいくつかの集落が襲撃される。 ボールドリッジはアメリカに逃亡。	

一六九八	ウィリアム・キッド、乗組員をもとめてサントマリーにあらわれる。 エドワード・ウォルシュ、ボールドリッジの後釜としてサントマリーに到着。 ウィリアム・キッド、アルメニア船ケダー・マーチャント号を拿捕。	イングランド議会で東インド会社法成立。イングランド、マダガスカルを拠点とする海賊に対して遠征隊を派遣。
一六九九	ナサニエル・ノースがドルフィン号のクォーターマスターに選ばれる。	
一七〇〇	ジョンソンの『海賊列伝』(一七二四年)によると、ミッソン船長がリバタリアを設立する。	
一七〇一		ウィリアム・キッド船長の公開裁判と処刑。
一七〇三	ナサニエル・ノースがアンブナヴラを開拓し、マダガスカルの「海賊たちの船長《キャプテン》」に選出される。	イングランド軍艦二隻がマダガスカル沿岸を巡航し、活動中の海賊を探すが発見できず。
一七〇四	トマス・ホワイト、マダガスカルを拠点に紅海の海運を掠奪。	
一七〇五	チャールズ号、マダガスカルへ出航、ジョン・ハルゼーが船長に選ばれる。 ケープ植民地報告書、マダガスカルに八三〇人の海賊がいると推定。	
一七〇七	ナサニエル・ノース、チャールズ号のクォーターマスターに選ばれ、一時海に戻る。	ダニエル・デフォーがヘンリー・エイヴリーにかんする最初の記事を『レヴュー』誌に発表。 『いまやマダガスカルを領有せる著名なるイングランド人海賊、ジョン・エイヴリー船長の生涯と冒険』がロン
一七〇九	ナサニエル・ノース、アンブナヴラに戻る。	

一七一〇	ケープ植民地の報告書によれば、マダガスカルに残るのはわずか六〇―七〇人の「忌むべき惨めな」海賊のみ。	ドンで公刊、そこでエイヴリーはムガルの娘と結婚したとされる。
一七一二	ラマンガヌ、ツィクア連合の代表に選出される。 ラツィミラフがベツィミサラカ同盟を設立。 ツィクアとの最初の戦争。	「海賊使節」がフランスのルイ一四世に接近するも失敗。 ヘンリー・エイヴリーのマダガスカル王国を題材にしたチャールズ・ジョンソン作の戯曲『成功した海賊』がロンドンで上演、多数の観客を動員し、啓蒙思想の先駆けとなる自由の観念を広げた。
一七一四		一〇万人の海賊の代表を名乗るジョゼフ・ジュマールなる人物、オランダ政府に支援を要請するも失敗。
一七一五	ジェームズ[ジョン]・プランタン、ランター湾に進出。 オランダ商人、ブイナにてサカラヴァ王トゥアカフの重臣としてラツィミラフと出会う。	タンサン夫人がこの頃、パリに啓蒙サロンを設立。 「海賊使節」がオスマン帝国とロシアの宮廷に接近。
一七一八		「海賊使節」がスウェーデン王と交渉。
一七一九	海賊クリストファー・コンデント、サントマリーをインド洋襲撃の拠点とする。	ダニエル・デフォー『海賊王』を出版。
一七二〇	ベツィミサラカ連合設立のための戦争終結。 ラツィミラフ、アンブナヴラ=フルポワントに「王宮」を設立。	
一七二一	サントマリーの海賊船長ラ・ブーシュがマスカレーニュ諸島への	モンテスキュー『ペルシア人の手紙』

	航路を妨害。	を出版。
一七二二	イングランドの軍艦がマダガスカルの海賊のアジトを破壊、フランスがモーリシャスとレユニオンの海賊のアジトを破壊。クレメント・ダウニング、ランター湾でジェームズ[ジョン]・プランタンとその「モラット・トム将軍」(ラツィミラフ)と出会う。プランタンとその「モラット・トム将軍」(ラツィミラフ)と出会う。ド・ラ・ガレジエール、ラツィミラフがマダガスカル北東部全体を支配していると主張。	
一七二四		キャプテン・チャールズ・ジョンソン(おそらくダニエル・デフォー)がロンドンで『海賊列伝』を出版。この時代の主要な海賊船長の詳細な経歴を記した最初の著作であり、リバタリアにかんする唯一の資料。これが、その後の数世紀における海賊のライフスタイルの大衆化と偶像化の基礎となる。
一七二八	ジェームズ[ジョン]・プランタン、マダガスカルを逃れインドにむかう。	
一七三三	コッシニー、アントンジル湾で「ボールドリッジ王」と出会う。湾にはボールドリッジ、ターメ・ツィマラウ[トム・ツィミラフ]、デ・ラ・レイの三人の地方領主がいると主張。	ヴォルテール『哲学書簡』を出版。
一七三四	サカラヴァがアントンジル周辺を攻撃したことが記録される。おそらくザフィンヂャバイ Zafindrabay[マダガスカル北西部からこの頃に侵入したとされるサカラヴァの貴族戦士のこと]がやってくる。	
一七三六	フランス人、アントンジルでボールドリッジ王の叔父に会う。ラツィミラフ、サカラヴァの攻撃に対抗するため援軍を送る。	

一七四〇	フランス船の船長たち、アントンジル湾での貿易の困難とじぶんたちへの攻撃について不満を述べる。	ヒューム『人間本性論』を出版。
一七五〇	ラツィミラフ死去。	
一七五五		ルソー『人間不平等起源論』を出版。

訳者あとがき

本書David Graeber, *Pirate Enlightenment, or the Real Libertalia,* Farrar, Straus and Giroux は人類学者デヴィッド・グレーバーによるオリジナルな著作としては最後の単著となる。本書は最初、二〇一九年にフランス語で公刊された(*Les pirates des lumières ou la véritable histoire de Libertalia,* Éditions Libertalia)。その後、二〇二一年にイタリア語版(*L'utopia pirata di Libertalia,* Eleuthera)、そして、二〇二三年に英語版という順番である。

著者は二〇二〇年に急逝した。そのあと、考古学者デヴィッド・ウェングロウとの共著『万物の黎明』が、英語版で二〇二一年に公刊された。

本書は、二〇二三年の英語版を基本的には底本にしているが、かなりの部分で、最初に公刊されたフランス語版を参照し、随所に採用している。本書の主要登場人物の一人であるラツィミラフにかんする重要資料であるニコラ・メイユールの手稿をはじめ、引用文献がフランス語であるということがひとつ、さらに、フランス語版のほうがときに記述が正確であること、あるいは含意が明快であることがひとつ。とはいえ、マダガスカル語も頻出する本書の翻訳は、訳者の力量ではとても追いつかず、『ブルシット・ジョブ』にひきつづき、岩波書店そして編集の奈倉龍祐さんには多くのご指摘をいただいて、大幅にブラッシュアップをすることができた。しるして感謝したい。

読者のなかにはすでに英語原本を購入するため、あるいはたんにチェックするためにウェブで検索をかけてみたかたもおられるだろう。本書を販売するサイトのタイトル表記には、たいていサブタイトルが附されているはずだ。ところが本訳書のどこにもそれがない。実は公刊された英語版からそもそも消えているからだ。その消えたサブタイトルは、「一八世紀マダガスカルにおけるバッカニア、女商人、偽王国 Buccaneers, Women Traders and Mock Kingdoms in Eighteenth Century Madagascar」。これは、一八世紀当時の長々しいパンフ、とくにデフォーの『海賊王――マダガスカルの偽王エイヴリー船長の高名なる事業と放浪ならびに海賊行為、ここでエイヴリーについてこれまで出版されたすべての偽りの説明が検証される *The King of Pirates: being an Account of the Famous Enterprises of Captain Avery, the Mock King of Madagascar with His Rambles and Piracies Wherein All the Sham Accounts Formerly Publish'd of Him, Are Detected*』のタイトルをもじったものだ。ここに示唆された三要素は、本書の骨格を理解するためのひとまずの手がかりにできるだろう。

序文で語られているように、本書はもともとマーシャル・サーリンズとの共著『王権論 *On Kings*』の一章として構想された。〈海賊黄金時代〉のヨーロッパで、マダガスカルに海賊王国があらわれたという噂が流れる。実際、その王国使者が国交をもとめてヨーロッパの諸王の宮廷にあらわれる。ところが実はその王は、「偽王」あるいは「ハリボテ王」だった。だとしても、そのような王、ハリボテの王こそ、王権の本質ではないか？　かなりざっくりしているが、これがもともとの問いだったようだ。

いっぽう、ヨーロッパではもうひとつ、マダガスカルに、王権とは別の、海賊社会があるとの噂も流れていた。王もいなければ横暴なボスもいない、苛酷な労働も搾取もない、自由で平等な共同体、「リバタリア」の噂である。

グレーバーは、ヨーロッパ社会の人びとの欲望を捉えた、この二つの空想の流れの、ある種の実在性とその意味をマダガスカルにみいだすのだった。たしかに、マダガスカルには、エイヴリーの幻の海賊王国でもヨーロッパの詐欺師がでっちあげてみせたみせかけの王宮とスタッフで構成された「ハリボテ」でもない、海賊の息子、ベツィミサラカ連合の王ラツィミラフの「王国」が実在していた。しかしそれは、ある意味で「みせかけ」であった。その「王国」の実態はといえば、海賊の平等主義や集権的権力への反感やその民主主義的でアナーキーな組織方法に依拠し、奴隷貿易に参加せず、ヒエラルキーの強度の低い参加型かつ分散型の「疑似王国」だったからだ。この「王国」では、「先駆的な啓蒙の実験 proto-Enlightenment experiment」がくり広げられつつ、数十年にわたる繁栄をみた、これがグレーバーの見立てである。

この「疑似王国」の形成を駆動したのが、集会の慣習や、権力の集中を阻止するたえまない戦争、あれこれの拘束を脱ぎ捨てたい女性たちなどの諸力の綱引きで充満した先住民社会である。カリブ海を荒らしたあとインド洋や紅海でのお宝をもとめてはるばるやってきた海賊たちを、現地の女たちは、ときに魔術を使って籠絡し、性的交わりを通して同盟をくみ、みずからを縛っていた家父長制的拘束を打ち破り、女商人として港町で主導権を握る。いっぽう、そうした動きが気に食わないマダガスカルの男たちは、海賊と先住民との「雑種」王のもとで、男性主導の、あたらしい連合体を形成する。それが、くだんの「疑似王国」である。

と、このように圧縮してはみたものの、本書をお読みになればわかるように、筋書きはけっして一筆書きですむようなものではない。まるでこの「大きな島」の歴史そのもののように、多種多様なエスニシティと信仰、コスモロジー、慣習が入り乱れ合い、いたるところで「分裂生成」を惹き起こしている。とほうもなく分岐し、硬く絡まり合ったようにみえる糸をひとつひとつたどり、撚り合わせながら、お話《ストーリー》はすすんでいくのだった。

）

ここではひとつ、多くの読者はおそらく「パイレーツ」に比して耳慣れないだろう「バッカニアbuccaneer」という名称（『ONE PIECE』の読者なら、過去に絶滅した神話的種族の名としておなじみかもしれない）について、すこしだけ解説をしておきたい。

バッカニアという語句は、さしあたり本書では（ほとんどのばあい）「海賊」と置き換えてもらってかまわない。しかし、だとするならどうして「海賊」としないのか。訳者も当初、これに基本的に「海賊」という訳語をあてることも考えた。しかし、グレーバーはマダガスカルの海賊に対してほとんど、「バッカニア」という語句をあてている。その意図を無視してはならないだろう。

「バッカニア」は、「パイレーツ」と厳密に区別して使用されるばあい、その「パイレーツ」の先駆者ということになる。そのうえで「バッカニア」の誕生をかいまみるには、まず本書が対象とする時代、一七〇〇年前後を、一〇〇年ほど遡らなければならない。ヨーロッパ人の「新大陸」への侵略の本格化からもおおよそ一〇〇年。ヨーロッパ諸国は、あたらしい世界地図上で覇権をめぐって争っていた。当初、新大陸の交易はトルデシリャス条約でアメリカ大陸の支配権を独占したスペインの独壇場だった。それに対し、オランダ、フランス、イングランドは、スペインが新世界から掠奪する金銀財宝をわずかなりとも奪取し、かつその支配権力と交易網にダメージをくわえんとして、海の「ならず者」たちを利用する。

支配秩序が大きく動揺する時代、王座を空位としたまま諸勢力が相争う時代に、(支配者の目には)「統治不能」と化した社会的フィールドの支配を、それでも保持するために「アウトロー」を利用するといった事態はめずらしいものではない。しかしこの時代のものは、地理的スケールにおいても富の大きさにおいても規模がいささかちがっていた。ヨーロッパの王たちは競合する諸国、とりわけスペインの船舶に対する掠奪行為にお墨つきを与える。掠奪の免状を国王よりたまわった公認海賊の船が私掠船 privateer である。この時代は、したがって、王あるいは国家とむすびついた私掠の時代でもある。しかし、秩序がすこし安定をみせると、それまでさんざん利用してきたアウトローを、ときに成り上がりの元アウトローを利用して、支配者たちが排除しにかかるのもよくある筋書きである。これが一七世紀の後半から一八世紀のはじめの海賊世界にも起きた。こうして私掠行為から純粋な海賊行為への移行がこの時期にすすむ。そして、皮肉なことにこの移行が〈海賊黄金時代〉の絶頂を準備したのである。

さて、以上のラフスケッチを本書の時代的文脈としておきたい。ふたたび時計を逆回しにして一七世紀のはじめ、カリブ海のエスパニョラ島北西岸(現在のハイチ)のスペイン植民地の住民に退去が命ぜられる。本国の保護もなく経済的にも孤立していたかれらが、しばしばスペイン船を標的とする掠奪者と密貿易を通じて関係していたからだ。一六〇五年、退去命令に耳を貸さない住民に業を煮やしたスペイン当局はついに実力をもってかれらを追い払う。するとそこにわらわらと、フランスやイングランドなどからのはみだし者が集まって占拠することになった。バッカニアとはだれか。マーカス・レディカーによれば、「囚人、売春婦、負傷者、浮浪者、逃亡奴隷および奉公人たちからなる「あらゆる国の脱落者」」である(増田義郎・竹内和世訳「自由の国リバタリア——海賊のユートピア」、デイヴィッド・コーデングリ編『図説 海賊大全』東洋書林、二〇〇〇年、二六〇頁)。

スペイン人たちは、退去のさいに、ウシやブタなど家畜を残していったのだが、この「脱落者」たちは、当初は野性に返ったそれらの(元)家畜をハントして暮らしていた。かれらはわずかに残存していた先住民アラワク族から肉片を燻製する方法を教わった。作業で使用する木製の焼き網を「ブカン」といったらしい。そこから「バッカニア」(燻製野郎)という名称が生まれた。

「おだやかな」狩猟者であったバッカニアがなぜ掠奪をはじめたのか、その理由の本当のところは不明なようだ。一説によれば、一六三〇年代後半のスペイン当局のバッカニア掃討作戦に一因がある。いわく、かれらは、イノシシやウシを殺戮することでバッカニアを追い払えると考えた。ところが、その「まぬけな試みが裏目にで」た(ガブリエル・クーン／菰田真介訳『海賊旗を掲げて——黄金期海賊の歴史と遺産』夜光社、二〇一三年、三六頁)。獲物がいなくなったくらいで拠点を放棄しないばかりか、海の掠奪者として「アウトロー」ぶりにいっそう磨きをかけていくことになったのだ。それからおよそ一〇年後の一六五〇年代にはバッカニアは「もっぱら海の掠奪者だけを示す言葉になった」。その悪名を高めるとともに、元年季奉公人、元兵士などといった脱落者や脱走者がみずから志願してバッカニア仲間にくわわった。そんなバッカニアからのちのパイレーツへの転回の意味するところは、歴史家スティーヴン・スネルダーズの以下の説明が簡潔で明快である。「一七世紀の覇権闘争においては、〔沿岸の〕兄弟たち〔バッカニア〕は公認の私掠行為と純粋な海賊行為とのあいだのグレーゾーンでキャストを演じていた。だが黄金期に入ると、バッカニアの後継者たちはブラックゾーンに追放され、あらゆる国家の取締りの対象になった」（クーン、四〇頁より）。（国家のひもつきである）私掠から（あらゆる国家を敵にまわした）海賊への移行は、バッカニアからパイレーツへの移行と微妙に重なっているわけである。

本書はこのような海賊史の詳細にはあまりふれられていないが、時系列《タイムライン》が一六九〇年のアダム・ボールドリッジのサントマリーへの到着、そして一六九三年のトマス・テューのマダガスカルへの到着からはじまっていることは重要な意味をもつ。先ほどのスネルダーズは〈海賊黄金期〉の前段階にバッカニアを位置づけていたが、マーカス・レディカーにしたがうならば（和田光弘・小島崇・森丈夫・笠井俊和訳『海賊たちの黄金時代——アトランティック・ヒストリーの世界』ミネルヴァ書房、二〇一四年）、「黄金期」は三世代に区分され、第一世代が一六五〇年から八〇年代のバッカニア時代となる。第三世代が、一七一六年から一七二六年。エドワード・ティーチやバーソロミュー・ロバーツらが暴れまわった、「最も数が多く、最も成功を収めた」時代。本書は、バッカニアの時代とパイレーツの時代に挟まれた第二世代、一六九〇年代、エイヴリーやウィリアム・キッド、そしてトマス(トム)・テューの時代、かれらがインド洋をも標的にし、マダガスカルを拠点化する、いわゆる「海賊周航《ラウンド》」のはじまった時代にあたる。

この点で、「海賊周航」の発明者ともくされることもあるテューの逸話は啓発的である。かれはもともと私掠船の船長であったが、あるときバミューダの総督に、アフリカのガンビア河口のフランス商館を占領するよう命じられる。しかし、航海の途中で嵐に遭遇し、もうひとつの同様の任務を負った船と離れてしまったとき、テューは心を決める。

……かりにおれたちが仕事に成功したところで、得するのはほんの一握りの奴らだけだ。それにおれたちが勇敢な働きをしたところで、そいつらから報酬がでるわけじゃねえ。仕事はヤバいだけで獲物の見込みはねえ。好き好んでわざわざ戦うような奴はいねえだろう。なにか得になるとか、みんなのためになるんでなきゃ、わざわざ命がけの仕事をする奴はいない。今度の航海にはどっちもねえんだ。だからよ、おれはみんながもっとうまみのあることを考えるほうがいいとおもう。もしみんなにその気があるなら、おれは、生涯安楽に暮らせるような方策を講じるつもりだ。もうひとつ勇気をふるって仕事をすりゃ、おれたちは安全に、しかも有名になって国へ帰れるぞ。(『海賊列伝』(下)一六〇頁)

こうしてテューは喜望峰を回って紅海にむかい、そこでインドからアラビアをめざしていた船を襲撃し、抱えきれないほどのお宝をちょうだいする。時系列《タイムライン》で一六九三年にマダガスカルにあらわれたテューは、そのあとのテューである。つまりトム・テューは、まさにこのとき、私掠から海賊へと転身しながら、同時に「海賊周航」を開拓していたのであった。『海賊列伝』では、テューは、例のミッソン船長のリバタリアに合流し、その自由と平等、デモクラシーの理念に共鳴し、一時はこの海賊コミュニティに「提督」として遇されている。

一六九〇年代からはじまる海賊周航はさらに複数の局面にわけられるが、その第一段階は、一〇年ほどつづいたとされる。野心に燃えたかれらの多くは、かつてのバッカニアだった。本書が、なぜ「バッカニア」を主要に使用しているのかは、この時代のマダガスカルの海賊たちがそもそも「バッカニア」であったことにあるといえるだろう。

さて、くどくどしい解説は以上で切り上げて、本書へのレビューをいくつか紹介しておこう。

まずは、海賊史の大家マーカス・レディカー。かれが先陣を切って開拓してきたラディカルな海賊史研究の影響は本書にもとても色濃いが、そのレディカーは長いレビューを寄せ、複数の留保を提示しつつも、基本的に本書を「海賊史にかんする著書のなかで最も創造的なもののひとつ」と評している。

その主な理由は、グレーバーがこうした海のアウトローの歴史について、あたらしい発想と新鮮な洞察を与えてくれているからだ。海賊にかんする書物のほとんどはあたらしい発想がなく、なかにはどんな考察もなく、研究上の発見だけが述べられているものもある。それは有用ではあるが限界がある。グレーバーがあらたに提供してくれているのは、海賊文化にも絡んだ変化の過程がベツィミサラカのなかでどのように作用したかについての考察である。すなわち、マダガスカル北東部の人びとが、その価値意識や文化の枠組みのなかで、いかに取り込みと変革の選択をおこなう歴史の主体《エージェント》であり、意識的な主体であったか。グレーバーの本の強みのひとつは、ベツィミサラカ社会の構造と文化、そしてそれがどのように変化したかについての分析である。特定の人間集団《ピープル》、出来事、時代にかんする情報源が不足しているばあいでも、わたしはグレーバーの説得力に納得する。かれはフィールド調査をおこない、マダガスカル語について実用的知識をもち、マダガスカルに長年にわたって知的・文化的なかかわりをもってきた。かれは、船乗りと先住民の二種類の下からの歴史をたくみにむすびつけてみせた。このような視点はきわめてまれであり、かつ魅力的である。かれは、一般の人びと、とくに女性たちを、思考の主体、創造の主体、そして歴史の担い手として扱っている。かれの理論と方法は、それが解明しようとしている文化と同様に、民主的で平等主義的なのである。(Marcus Rediker, "Enlightenment From Below, Pirates and radical democracy in Madagascar," *The Nation*, March 21, 2023)

そして、もうひとつ、かれのパートナーであったニカ・ドゥブロフスキー。

デヴィッドの生涯にわたるプロジェクトは、啓蒙の非西洋的起源と、人間本性や民主主義に対して〔非西洋的啓蒙思想の示す〕いちじるしく異質な見方をあきらかにすること、そして、それによって、いまだ発見されざるもうひとつの啓蒙をわたしたちに提示することにあった。『啓蒙の海賊たち』でかれが語るのは、マダガスカルにおけるヨーロッパ系白人の入植者たちが、今日わたしたちが植民地主義と呼ぶ人道に対する犯罪のほとんどを犯すことを基本的に避けていたというストーリーである。これは、オルタナティヴな植民地化のひとつの例であって、そこでは、旧世界と新世界が遭遇し、現地民と混ざり合い、あたらしい文化、そしてまったくあたらしい人間集団《ネーション》であるザナマラタが形成されたのである――ザナマラタは西洋が今日大切にしている平等、自由、民主主義の理念を奉じながら、いまもマダガスカルに暮らしている。(Nika Debrovsky, "Introduction," in David Graeber, *The Ultimate Hidden Truth of the World...*, Allen Lane, 2024, p. xvi)

本書、そしてこの翻訳は、世界の各地、とりわけ西洋圏に属する諸地域で、啓蒙の理念がますます汚辱に塗れていく暗い時代に公刊される。現代が世界史の巨大な転換点であることを熟知し、それがどのようなものかを考えつづけた著者は、啓蒙そのものではなく、それを肯定的であれ批判的であれヨーロッパに重ねる見方を転覆しようとした。啓蒙とは、わたしたちのこの時代とおなじように、先行きのみえない巨大な時代の転換期にあって、世界の周縁で起きた遭遇から生まれたものである。それは交通空間が急激に拡大するなかにあって、異様なまでの暴力的環境にかこまれながら、先住民やアウトローたちの抵抗や反発、融合のなかから生まれ、ヨーロッパ人たちもいやおうなくその過程に巻き込まれ、触発し触発された。そしてかれらは、都合のよい部分は取り込み、都合の悪い部分は抑圧して、自由や平等、友愛といった理念が、あたかもじぶんたちの所有物のようにふるまったのだ。

)

本書は、いつもの著者のテキストとおなじく、まるで「全人類の敵」ヘンリー・エイヴリーの盗みだした宝石箱のように、アイデアがあちこちに散りばめられている。とはいえ、読めばわかるように、それはけっしてすべて磨き上げられているわけではないし、ときに荒削りだ。だが、ある本書のレビューも指摘しているように、グレーバーのこのような「欠点」は、「学術的な近道を選んだり、誤った前提から出発したこと」からあらわれるのではない。そうではなく、「不可能ではないにしても、信じがたいほど困難なことを、そしてだれの目にもあたらしいことをやろうとする」(Annie Levin, "David Graeber Argues that the Enlightenment Was Heavily Influenced by Pirates," *Observer*, January 30, 2023)、その姿勢によるものである。

いうまでもないが、かれはここで止まるつもりなんてなかった。執筆しながらも、そこから生まれたあたらしいアイデアを展開したくて、目の焦点ははやくも前方にむいたままあわただしく世にだしたという印象が、独特の混沌に彩られた本書にもった印象である。しかし、ハリボテ王をとりまく「大ぼら」と根をおなじくする能力、すなわち想像力でもって、冒険にあふれた世界をこのうえなく大胆なスタイルで描きだしているという点で、本書はグレーバーの資質を最もよく表現している一冊ともいえる。かれの疾走がもし中断を余儀なくされなかったとして、このキラキラした原石のひしめく混沌は、つぎにどんな世界を描きだしただろう。いずれにしても、著者のいうように、読者にはなによりまず、破天荒なストーリーテラーによる破天荒な物語を存分にたのしんでもらえれば、訳者としてもなによりのよろこびである。

二〇二五年三月一五日

酒井隆史

ブルシット・ジョブ
クソどうでもいい仕事の理論

デヴィッド・グレーバー
酒井隆史／芳賀達彦／森田和樹 訳

◉やりがいを感じないまま働く。ムダで無意味な仕事が増えていく。人の役に立つ仕事だけど給料が低い——それはすべてブルシット・ジョブ(クソどうでもいい仕事)のせいだった！　職場にひそむ精神的暴力や封建制・労働信仰を分析し、ブルシット・ジョブ蔓延のメカニズムを解明。仕事の「価値」を再考し、週 15 時間労働の道筋をつける。『負債論』の著者による解放の書。

A5 判 442 頁
定価 4070 円(税込)
2025 年 5 月現在

デヴィッド・グレーバー David Graeber
ロンドン・スクール・オブ・エコノミクス人類学教授．単著に『負債論――貨幣と暴力の 5000 年』『ブルシット・ジョブ――クソどうでもいい仕事の理論』，共著に『万物の黎明――人類史を根本からくつがえす』など．「ハーパーズ・マガジン」「ガーディアン」「バフラー」などの新聞雑誌に寄稿．思想家・活動家としても名高く，ズコッティ公園の集会をオキュパイ・ウォールストリート運動につなげた．2020 年 9 月 2 日死去．

酒井隆史
1965 年生まれ．大阪公立大学教授．専門は社会思想，都市史．著書に『通天閣』(青土社，サントリー学芸賞)，『暴力の哲学』『完全版 自由論』(ともに河出文庫)，『賢人と奴隷とバカ』(亜紀書房)など．訳書にデヴィッド・グレーバー『負債論』(共訳，以文社)，『官僚制のユートピア』(以文社)，『ブルシット・ジョブ』(共訳，岩波書店)，グレーバー＋デヴィッド・ウェングロウ『万物の黎明』(光文社)，ピエール・クラストル『国家をもたぬよう社会は努めてきた』(洛北出版)など．

啓蒙の海賊たち あるいは実在したリバタリアの物語
デヴィッド・グレーバー

2025 年 4 月 23 日　第 1 刷発行
2025 年 5 月 15 日　第 2 刷発行

訳　者　酒井《さかい》隆史《たかし》

発行者　坂本政謙

発行所　株式会社 岩波書店
〒101-8002 東京都千代田区一ツ橋 2-5-5
電話案内 03-5210-4000
https://www.iwanami.co.jp/

印刷・理想社　カバー・半七印刷　製本・牧製本

ISBN 978-4-00-061685-0　Printed in Japan

文献注

序文

(1) Graeber, *Lost People*.
(2) Graeber, *Lost People*, 353.
(3) Markoff, "Where and When Was Democracy Invented?," 673n62.
(4) Deschamps, *Les pirates à Madagascar*, 203.
(5) Wright, "Early State Dynamics"; cf. Wright and Fanony, "L'évolution des systèmes d'occupation."
(6) Carayon, *Histoire de l'établissement français*, 15–16.

第1部　マダガスカル北東部の海賊と偽王《モック・キング》

(1) たとえば，以下をみよ．Gosse, *The Pirates' Who's Who*; Baer, "Piracy Examined"; Baer, *Pirates of the British Isles*; Hill, *People and Ideas*; Rediker, *Between the Devil*; Pérotin-Dumon, "The Pirate and the Emperor"; Cordingly, *Under the Black Flag*; Wilson, *Pirate Utopias*［菰田真介訳『海賊ユートピア』］; Pennell, "Who Needs Pirate Heroes?"; Rogoziński, *Honor Among Thieves*; Konstam, *The Pirate Ship*; Snelders, *The Devil's Anarchy*; Land, "Flying the Black Flag"; Leeson, *The Invisible Hook*; Kuhn, *Life Under the Jolly Roger*［菰田真介訳『海賊旗を掲げて』］; Hasty, "Metamorphosis Afloat."
(2) Downing, *A Compendious History*, 97.
(3) Downing, *A Compendious History*, 81.
(4) Baer, "'Captain John Avery'"; Baer, *Pirates of the British Isles*, 91–117; López Lázaro, "Labour Disputes."
(5) Wanner, "The Madagascar Pirates."
(6) Filliot, *La traite des esclaves*; Barendse, "Slaving on the Malagasy Coast"; Barendse, *The Arabian Seas*; Vink, "'The World's Oldest Trade'"; Bialuschewski, "Pirates, Slavers, and the Indigenous Population in Madagascar"; Bialuschewski, "Black People Under the Black Flag."
(7) Rochon, *Voyage to Madagascar*, 154.
(8) Rochon, *Voyage to Madagascar*, 111.
(9) Pearson, "Close Encounters," 401.
(10) Brown, *Madagascar Rediscovered*, 96.
(11) Linebaugh and Rediker, *The Many-Headed Hydra*, 184.

(12) Perkins in Jameson, *Privateering and Piracy in the Colonial Period*; McDonald, *Pirates, Merchants, Settlers, and Slaves*, 89.
(13) Nutting, "The Madagascar Connection."
(14) Molet-Sauvaget, "La disparition du navire," 493n22.
(15) Downing, *A Compendious History*, 114–15.
(16) Downing, *A Compendious History*, 129.
(17) Downing, *A Compendious History*, 128–29.
(18) Downing, *A Compendious History*, 116.
(19) Downing, *A Compendious History*, 126.
(20) Ratsivalaka, "Éléments de biographie."
(21) Cultru, *Un empereur de Madagascar*, 73; Benyowsky, *Voyages et mémoires*.
(22) Ratsivalaka, "Éléments de biographie," 82.
(23) Grandidier, *Histoire de la fondation*; Deschamps, *Les pirates à Madagascar*; Cabanes, "Guerre lignagère et guerre de traite."
(24) たとえば，以下をみよ．Deschamps, *Les pirates à Madagascar*.
(25) たとえば，以下をみよ．Cabanes, "Guerre lignagère et guerre de traite."

第2部　マダガスカル人の目に映った海賊の来訪

(1) Ottino, *Madagascar, les Comores*; Ottino, "Le Moyen-Age"; Ottino, *L'étrangère intime*.
(2) Fagereng, *Une famille de dynasties malgaches*; Rajaonarimanana, *Savoirs arabico-malgaches*.
(3) Julien, "Pages arabico-madécasses," 1–23, 57–83; Mondain, *L'histoire des tribus*, 50–91.
(4) Rombaka, *Fomban-dRazana Antemoro*, 7–8.
(5) Ottino, "La mythologie malgache"; Ottino, "Les Andriambahoaka malgaches"; Ottino, "L'ancienne succession"; Ottino, *L'étrangère intime*.
(6) Flacourt, *Histoire de la Grande Isle*, 108.
(7) Flacourt, *Histoire de la Grande Isle*, 30.
(8) Grandidier, *Ethnographie*, vol. 4, bk. 1, 97.
(9) Ferrand, "Les migrations musulmanes et juives à Madagascar," 411–15.
(10) Ottino, *Madagascar, les Comores*, 35–36; Ottino, "Le Moyen-Age," 214–15.
(11) Allibert, "Nouvelle hypothèse."
(12) Sibree, *The Great African Island*, 108.
(13) たとえば，以下をみよ．Aujas, "Essai sur l'histoire"; Lahady, *Le culte Betsimisaraka*; Rahatoka, "Pensée religieuse"; Mangalaza, *La poule de dieu*; Fanony, *Littérature orale malgache*, vols. 1–2; Nielssen, *Ritual Imagination*.

(14) たとえば，以下をみよ．Rochon, *Voyage to Madagascar,* 29.
(15) Ottino, "Le Moyen-Age," 214.
(16) Dellon, *Nouvelle relation d'un voyage,* 29.
(17) Dellon, *Nouvelle relation d'un voyage,* 41.
(18) Houtman in Grandidier, *Ethnographie,* vol. 4, bk. 2, 353n35.
(19) Flacourt, *Histoire de la Grande Isle,* 137.
(20) Ferrand, *Contes populaires malgaches,* 145–47.
(21) Grandidier, *Ethnographie,* vol. 4, bk. 1, 10; Grandidier, *Ethnographie,* vol. 4, bk. 2, 137.
(22) Brown, *Madagascar Rediscovered,* 98.
(23) Sahlins, "The Stranger-King: Or Elementary Forms"; Sahlins, "On the Culture of Material Value."
(24) たとえば，以下をみよ．Graeber, "Radical Alterity Is Just Another Way of Saying 'Reality,'" 1–41.［難波美芸訳「根本的他性，あるいは「現実」について」］
(25) Sahlins, "The Stranger-King: Or Dumézil," 119.［山本真鳥訳「外来王，またはフィジーのデュメジル」『歴史の島々』116 頁］
(26) Sahlins, "The Stranger-King: Or Dumézil," 109, 125.［「外来王，またはフィジーのデュメジル」101, 125 頁］
(27) In Fox, *Pirates in Their Own Words,* 345.
(28) In Fox, *Pirates in Their Own Words,* 178.
(29) Cabanes, "Guerre lignagère"; 以下と比較せよ．Esoavelomandroso, *La province maritime orientale,* 41–43, そして Mangalaza, *La poule de dieu,* 22–25.
(30) たとえば，以下をみよ．Cole, "Sacrifice, Narratives and Experience"; Cole, *Forget Colonialism?*
(31) Cabanes, "Guerre lignagère."
(32) Flacourt, *Histoire de la Grande Isle,* 23.
(33) Cabanes, "Guerre lignagère."
(34) Clastres, *Archéologie de la violence.*［毬藻充訳・解説『暴力の考古学』］
(35) Mayeur, "Histoire de Ratsimila-hoe," 200.
(36) Cabanes, "Guerre lignagère."
(37) たとえば，以下をみよ．Fanony, *Fasina.*
(38) Mayeur, "Histoire de Ratsimila-hoe," 293.
(39) Mayeur, "Histoire de Ratsimila-hoe," 197, 214, 223–24.
(40) Gentil de la Galaisière, *Voyage dans les mers,* vol. 2, 537.
(41) Downing, *A Compendious History,* 92–93.
(42) Bois, "Tamatave, la cité des femmes," 3–5; Rantoandro, "Hommes et réseaux Malata," 109–10.

(43) Leguével de Lacombe, *Voyage à Madagascar,* vol. 1, 96.
(44) Leguével de Lacombe, *Voyage à Madagascar,* vol. 1, 97.
(45) Renel, *Contes de Madagascar,* 201.
(46) Graeber, "Love Magic and Political Morality"; cf. Fanony, "Le sorcier maléfique."
(47) Cole, "The Jaombilo of Tamatave," 895; cf. Cole, "Fresh Contact in Tamatave," and Cole, "Love, Money and Economies."
(48) Valette, "Note sur une coutume"; Bois, "Tamatave, la cité des femmes"; Rantoandro, "Hommes et réseaux Malata," 108–12.
(49) Rondeau in Rantoandro, "Hommes et réseaux Malata," 110.
(50) Callet, *Tantara ny Andriana eto Madagascar,* 106.
(51) Callet, *Tantara ny Andriana eto Madagascar,* 107–8.
(52) Graeber, "Love Magic and Political Morality."
(53) Johnson, *A General History,* 58.［朝比奈一郎訳『海賊列伝』(上) 67 頁］
(54) Ellis, "Tom and Toakafo," 446.
(55) Anonymous, "The Manners and Customs," 71–72.
(56) Anonymous, "The Manners and Customs."
(57) Bois, "Tamatave, la cité des femmes," 3.
(58) Molet-Sauvaget, "Un Européen."
(59) Johnson, *A General History,* 58.［『海賊列伝』(上) 66–67 頁］
(60) Johnson, *A General History,* 59.［『海賊列伝』(上) 68 頁］
(61) Leguével de Lacombe, *Voyage à Madagascar,* vol. 2, 178–80.
(62) Leguével de Lacombe, *Voyage à Madagascar,* vol. 1, 242.
(63) Ferrand, *Contes populaires malgaches*; Renel, *Contes de Madagascar,* 49, 186–88; Dandouau, *Contes populaires des Sakalava,* 380–85.
(64) Ferrand, *Contes populaires malgaches,* 133–34.
(65) Leguével de Lacombe, *Voyage à Madagascar,* vol. 1, 149–51.

第 3 部　海賊の啓蒙

(1) Cabanes, "Le nord-est de Madagascar."
(2) たとえば，以下をみよ．Ratsivalaka, *Madagascar dans le sud-ouest*; Ratsivalaka, *Les malgaches et l'abolition*; McDonald, *Pirates, Merchants, Settlers, and Slaves.*
(3) Bialuschewski, "Pirates, Slavers"; Ellis, "Tom and Toakafo"; Randrianja and Ellis, *Madagascar*; Hooper, "Pirates and Kings"; Mouzard, "Territoire, trajectoire, réseau."
(4) Bialuschewski, "Pirates, Slavers," 424.

(5) Mayeur, "Histoire de Ratsimila-hoe," 191; Deschamps, *Les pirates à Madagascar,* 197.
(6) Mayeur, "Histoire de Ratsimila-hoe," 194.
(7) Mayeur, "Histoire de Ratsimila-hoe," 195.
(8) Gentil de la Galaisière, *Voyage dans les mers,* vol. 2, 527.
(9) Cabanes, "Guerre lignagère," 160.
(10) Mayeur, "Histoire de Ratsimila-hoe," 235.
(11) Rochon, *Voyage to Madagascar,* 162–63.
(12) Mayeur, "Histoire de Ratsimila-hoe," 213.
(13) Johnson, *A General History,* 528, 538–39.[『海賊列伝』(下) 382, 395–96 頁]
(14) Ravelonantoandro, "Les pouvoirs divinatoires des Antedoany de Fénérive-Est," 2.
(15) Carayon, *Histoire de l'établissement français,* 13–14.
(16) Mayeur, "Histoire de Ratsimila-hoe," 192–93.
(17) Gentil de la Galaisière, *Voyage dans les mers,* vol. 2, 526.
(18) Ellis, "Tom and Toakafo."
(19) Mayeur, "Histoire de Ratsimila-hoe," 295.
(20) Mayeur, "Histoire de Ratsimila-hoe," 192.
(21) Mayeur, "Histoire de Ratsimila-hoe," 196–98, 209–10.
(22) Mayeur, "Histoire de Ratsimila-hoe," 269–73, 287.
(23) McDonald, *Pirates, Merchants, Settlers, and Slaves,* 83.
(24) Mayeur, "Histoire de Ratsimila-hoe," 197.
(25) Mayeur, "Histoire de Ratsimila-hoe," 199.
(26) Ravololomanga, *Être femme.*
(27) Graeber, *Lost People,* 63–66, 70, 348; Ellis, *History of Madagascar,* vol. 1, 187–92; Cousins, *Fomba Gasy,* 91–95; Callet, *Tantara ny Andriana eto Madagascar,* 831–51; Decary, *Mœurs et coutumes des Malgaches,* 196–98; Mangalaza, *La poule de dieu,* 26.
(28) Johnson, *A General History,* 534.[『海賊列伝』(下) 389 頁]
(29) Downing, *A Compendious History,* 93.
(30) たとえば，以下をみよ．Vig, *Charmes,* 70–71.
(31) Graeber, "Fetishism as Social Creativity."
(32) Mayeur, "Histoire de Ratsimila-hoe," 218–24.
(33) Mayeur, "Histoire de Ratsimila-hoe," 220–21.
(34) Mayeur, "Histoire de Ratsimila-hoe," 218.
(35) Mayeur, "Histoire de Ratsimila-hoe," 221–22.
(36) Mayeur, "Histoire de Ratsimila-hoe," 291–94.

(37) Mayeur, "Histoire de Ratsimila-hoe," 196, 205–6, 223–24, 231, 298, 302.
(38) Rochon, *Voyage to Madagascar,* 164–65.
(39) Decary, *Coutumes guerrières*; Berg, "The Sacred Musket."
(40) Mayeur, "Histoire de Ratsimila-hoe," 206–19; Berg, "The Sacred Musket," 266–67.
(41) Johnson, *A General History,* 531.［『海賊列伝』(下) 384–85 頁］
(42) Mayeur, "Histoire de Ratsimila-hoe," 250.
(43) Mayeur, "Histoire de Ratsimila-hoe," 250–51.
(44) Mayeur, "Histoire de Ratsimila-hoe," 251.
(45) Mayeur, "Histoire de Ratsimila-hoe," 253.
(46) Mayeur, "Histoire de Ratsimila-hoe."
(47) Mayeur, "Histoire de Ratsimila-hoe," 255.
(48) Mayeur, "Histoire de Ratsimila-hoe," 296.
(49) Mayeur, "Histoire de Ratsimila-hoe," 292; Cabanes, "Guerre lignagère," 172.
(50) Mayeur, "Histoire de Ratsimila-hoe," 231.
(51) Sylla, "Les Malata"; Rantoandro, "Hommes et réseaux Malata."
(52) Grandidier, *Ethnographie,* vol. 4, bk. 3, 201.
(53) Grandidier, *Ethnographie,* vol. 4, bk. 3, 364–65.
(54) Grandidier, *Ethnographie,* vol. 4, bk. 3, 403n5.
(55) Grandidier, *Ethnographie,* vol. 4, bk. 3, 514.
(56) Sylla, "Les Malata," 27–28.
(57) Rahatoka, "Pensée religieuse"; Mangalaza, *La poule de dieu*; Cole, *Forget Colonialism?*
(58) Althabe, *Oppression et libération*; Althabe, "L'utilisation de dépendances."
(59) Gentil de la Galaisière, *Voyage dans les mers,* vol. 2, 528–29.

結 論

(1) Dandouau, *Contes populaires des Sakalava,* 366.
(2) Mayeur, "Histoire de Ratsimila-hoe."
(3) Pearson, "Reassessing 'Robert Drury's Journal.'"
(4) Drury, *Madagascar,* 172.
(5) Drury, *Madagascar,* 235.
(6) たとえば，以下をみよ．Dewar and Wright, "The Culture History of Madagascar."
(7) Graeber, "Culture as Creative Refusal."
(8) Graeber, "Madagascar: Ethnic Groups."
(9) Graeber, "Madagascar: Ethnic Groups."

参考文献

Allibert, Claude. 2007. Annotated edition of Étienne de Flacourt, *Histoire de la Grande Isle Madagascar*. Paris: Karthala.

———. n.d. “Nouvelle hypothèse sur l’origine des Zafi-Ibrahim de l’île Nosy Boraha(Sainte-Marie, Madagascar)”. Academia.com, accessed April 21, 2016.

Althabe, Gérard. 1969. *Oppression et libération dans l’imaginaire: Les communautés villageoises de la côte orientale de Madagascar*. Paris: Maspero.

———. 1983. “L’utilisation de dépendances du passé dans la résistance villageoise à la domination étatique.” In *Les souverains de Madagascar: L’histoire royale et ses résurgences contemporaines*, edited by Françoise Raison-Jourde, 427–49. Paris: Karthala.

Arnold-Forster, Rear Admiral F. D. 1957. *The Madagascar Pirates*. London: Frederick Muller.

Aujas, L. 1907. “Essai sur l’histoire et les coutumes de Betsimisaraka.” *Revue de Madagascar*: 501–15, 543–64.

Baer, Joel. 1971. “Piracy Examined: A Study of Daniel Defoe’s *General History of the Pirates* and Its Milieu.” PhD diss., Princeton University.

———. 1994. “‘Captain John Avery’ and the Anatomy of a Mutiny.” *Eighteenth-Century Life* 18(1): 1–26.

———. 2005. *Pirates of the British Isles*. Gloucestershire: Tempus.

Barendse, R. J. 1995. “Slaving on the Malagasy Coast, 1640–1700.” In *Cultures of Madagascar: Ebb and Flow of Influences*, edited by Sandra Evers and Marc Spindler, 133–55. Leiden: International Institute for Asian Studies.

———. 2002. *The Arabian Seas: The Indian Ocean World of the Seventeenth Century*. Armonk, NY: M. E. Sharpe.

Benyowsky, Maurice-Auguste Comte de. 1791. *Voyages et mémoires*. Vol. 2. Paris: F. Buisson.［モーリッツ・ベニョフスキー／水口志計夫・沼田次郎編訳『ベニョフスキー航海記』東洋文庫，1970年］

Berg, Gerald. 1985. “The Sacred Musket: Tactics, Technology and Power in Eighteenth-Century Madagascar.” *Comparative Studies in Society and History* 27(2): 261–79.

Berger, Laurent. 2006. “Les raisons de la colère des ancêtres Zafinifotsy(Ankaraña, Madagascar): L’Anthropologie au défi de la mondialisation.” PhD diss.,

EHESS.
Besy, Arthur. 1985. “Les différentes appellations de la ville de Tamatave.” *Omaly sy Anio* 21–22: 393–94.
Bialuschewski, Arne. 2005. “Pirates, Slavers, and the Indigenous Population in Madagascar, c. 1690–1715.” *International Journal of African Historical Studies* 38(3): 401–25.
———. 2008. “Black People Under the Black Flag: Piracy and the Slave Trade on the West Coast of Africa, 1718–1723.” *Slavery and Abolition* 29(4): 461–75.
Bloch, Maurice. 1985. “Questions historiques concernant la parenté sur la côte est.” *Omaly sy Anio* 21–22: 49–55.
Bois, Dominique. 1997. “Tamatave, la cité des femmes.” *Clio: Histoire, Femmes et Sociétés* 6: 61–86.
———. 2001. “Les métis à Tamatave dans la seconde moitié du XIXème siècle.” *Annuaire des pays de l'océan Indien* 17: 123–42.
Brown, Margaret L. 2004. “Reclaiming Lost Ancestors and Acknowledging Slave Descent: Insights from Madagascar.” *Comparative Studies in Society and History* 46(3): 616–45.
Brown, Mervyn. 1978. *Madagascar Rediscovered: A History from Early Times to Independence.* London: D. Tunnacliffe.
Cabanes, Robert. 1977. “Le nord-est de Madagascar.” In *Essais sur la reproduction de formations sociales dominées,* 87–104. Paris: ORSTOM.
———. 1982. “Guerre lignagère et guerre de traite sur la côte nordest de Madagascar aux XVIIème et XVIIIème siècles.” In *Guerres de lignages et guerres d'États en Afrique,* edited by J. Bazin and E. Terray, 145–86. Paris: ORSTOM.
Callet, R. P. 1908. *Tantara ny Andriana eto Madagascar, documents historiques d'après les manuscrits malgaches.* 2 vols. Antananarivo: Académie Malgache. (Reprinted by Antananarivo: Imprimerie Nationale, 1981.)
Carayon, Louis. 1845. *Histoire de l'établissement français de Madagascar.* Paris: Gide.
Carter, Marina. 2009. “Pirates and Settlers: Economic Interactions on the Margins of Empire.” In *Fringes of Empire,* edited by S. Sameetha Agha and Elizabeth Kolsky, 45–68. New Delhi: Oxford University Press.
Clastres, Pierre. 1997. *Archéologie de la violence: La guerre dans les sociétés primitives.* La Tour-d'Aigues: L'Aube.［ピエール・クラストル／毬藻充訳・解説『暴力の考古学——未開社会における戦争』現代企画室，2003 年］
Cole, Jennifer. 1997. “Sacrifice, Narratives and Experience in East Madagascar.” *Journal of Religion in Africa/Religion en Afrique* 27(4): 401–25.

———. 2001. *Forget Colonialism? Sacrifice and the Art of Memory in Madagascar.* Berkeley: University of California Press.

———. 2004. "Fresh Contact in Tamatave, Madagascar: Sex, Money and Intergenerational Transformation." *American Ethnologist* 31(4): 571–86. humdev.uchicago.edu/sites/humdev.uchicago.edu/files/uploads/Cole/COLE-2004-FreshContact.pdf.

———. 2005. "The Jaombilo of Tamatave, Madagascar." *Journal of Social History* 38(4): 891–914.

———. 2009. "Love, Money and Economies of Intimacy in Tamatave Madagascar." In *Love in Africa,* edited by Jennifer Cole and Lynn Thomas, 109–34. Chicago: University of Chicago Press.

Cordingly, David. 1995. *Under the Black Flag: The Romance and the Reality of Life Among the Pirates.* London: Harvest.

Cousins, William. 1876[1963]. *Fomba Gasy.* Edited by H. Randzavola. Antananarivo: Imarivolanitra.

Cultru, Prosper. 1906. *Un empereur de Madagascar au XVIIIe siècle: Benyowsky.* Paris: Augustin Challamel.

Dandouau, André. 1922. *Contes populaires des Sakalava et des Tsimihety de la région d'Analalava.* Algiers: Jules Carbonel.

Decary, Raymond. 1951. *Mœurs et coutumes des Malgaches.* Paris: Payot.

———. 1966. *Coutumes guerrières et organisation militaire chez les anciens Malgaches.* 2 vols. Paris: Éditions maritimes et d'outre-mer.

Defoe, Daniel. 1707[1938]. *A Review of the State of the British Nation: Book 10, June 17, 1707 to November 8, 1707.* New York: Facsimile Text Society, Columbia University Press.

———. 1719[2002]. *The King of Pirates: being an Account of the Famous Enterprises of Captain Avery, the Mock King of Madagascar.* London: Hesperus.

Dellon, Charles Gabriel. 1699. *Nouvelle relation d'un voyage fait aux Indes orientales.* Amsterdam: Paul Marret.

Deschamps, Hubert. 1972. *Les pirates à Madagascar aux XVIIe et XVIIIe siècles.* Paris: Éditions Berger-Levrault.

Dewar, Robert, and H. T. Wright. 1993. "The Culture History of Madagascar." *Journal of World Prehistory* 7(4): 417–66.

Diener, Samuel. 2014. "Free Men and Squalid Kings: Theories of Statehood in *A General History of the Pyrates* and Its Milieu." *UCB Comparative Literature Undergraduate Journal* 5(1). ucbcluj.org/free-men-and-squalid-kings-theories-of-statehood-in-a-general-history-of-the-pyrates-and-its-milieu.

Downing, Clement. 1737. *A Compendious History of the Indian Wars; with an account of the Rise, Progress, Strength, and Forces of Angria the Pyrate.* London: T. Cooper.
Drury, Robert. 1729. *Madagascar; or, Robert Drury's Journal, During Fifteen Years' Captivity on That Island.* London: W. Meadows.
Ellis, Stephen. 2007. "Tom and Toakafo: The Betsimisaraka Kingdom and State Formation in Madagascar, 1715–1750." *The Journal of African History* 48(3): 439–55.
———. 2009. "The History of Sovereigns in Madagascar: New Light from Old Sources." In *Madagascar revisitée: En voyage avec Françoise Raison-Jourde*, edited by F. V. Rajaonah and D. Nativel, 405–31. Paris: Karthala.
Ellis, Rev. William. 1838. *History of Madagascar.* 2 vols. London: Fisher, Son & Co.
Emoff, Ron. 2002. *Recollecting from the Past: Musical Practice and Spirit Possession on the East Coast of Madagascar.* Middletown, CT: Wesleyan University Press.
Esoavelomandroso, Manassé. 1979. *La province maritime orientale du "Royaume de Madagascar" à la fin du XIXe siècle(1882–1895)*. Antananarivo: FTM.
———. 1981. "La région du Fiherenana à la veille de la conquête française." *Omaly sy Anio* 13–14: 177–86.
———. 1985. "Les 'révoltes de l'Est' (novembre 1895–février 1896): Essai d'explication." *Omaly sy Anio* 21–22: 33–48.
Fagereng, Edvin. 1971. *Une famille de dynasties malgaches: Zafindravola, Maroseraña, Zafimbolamena, Andrevola, Zafimanely.* Oslo: Universitetsforlaget.
———. 1981. "Origine des dynasties ayant régné dans le Sud et l'Ouest de Madagascar." *Omaly sy Anio* 13–14: 125–40.
Faller, Lincoln. 2002. "Captain Misson's Failed Utopia, Crusoe's Failed Colony: Race and Identity in New, Not Quite Imaginable Worlds." *The Eighteenth Century* 43(1): 1–17.
Fanony, Fulgence. 1975a. "La riziculture sur brûlis (*tavy*) et les rituels agraires dans la région de Mananara Nord." *Terre malgache* 17: 29–49.
———. 1975b[1985]. "Le sorcier maléfique *mpamosavy* et l'épreuve de l'ordalie *tangena* en pays Betsimisaraka." *Omaly sy Anio* 21–22: 133–48. Originally in *Cahiers d'histoire juridique et politique* 11: 19–30.
———. 1976. *Fasina: Transformation interne et contemporaine d'une communauté villageoise malgache.* Paris: EPHE.
———. 2001a. *Littérature orale malgache*, vol. 1: *L'Oiseau Grand-Tison et autres*

contes des Betsimisaraka du Nord (Madagascar). Paris: L'Harmattan.
———. 2001b. *Littérature orale malgache*, vol. 2: *Le Tambour de l'ogre et autres contes des Betsimisaraka du Nord (Madagascar)*. Paris: L'Harmattan.
Ferrand, Gabriel. 1893. *Contes populaires malgaches*. Paris: Ernest Leroux.
———. 1905. "Les migrations musulmanes et juives à Madagascar." *Revue de l'histoire des religions* 52: 381–417.
Filliot, J.-M. 1974. *La traite des esclaves vers les Mascareignes au XVIIIe siècle*. Paris: ORSTOM.
Flacourt, Étienne de. 1658 [2007]. *Histoire de la Grande Isle Madagascar*, edited and annotated by Claude Allibert. Paris: Karthala.
Fox, E. T. 2014. *Pirates in Their Own Words: Eye-Witness Accounts of the "Golden Age" of Piracy, 1690–1728*. Fox Historical.
Gentil de la Galaisière, Guillaume-Joseph. 1779. *Voyage dans les mers de l'Inde*. 2 vols. Paris.
Gosse, Philip. 1924. *The Pirates' Who's Who: Giving Particulars of the Lives and Deaths of the Pirates and Buccaneers*. London: Dulau & Co.
Graeber, David. 1995. "Dancing with Corpses Reconsidered: An Interpretation of *Famadihana* (in Arivonimamo, Madagascar)." *American Ethnologist* 22 (2): 258–78.
———. 1996. "Love Magic and Political Morality in Central Madagascar, 1875–1990." *Gender and History* 8 (3): 416–39.
———. 2005. "Fetishism as Social Creativity: Or, Fetishes Are Gods in the Process of Construction." *Anthropological Theory* 5 (4): 405–36.
———. 2007a. *Lost People: Magic and the Legacy of Slavery in Madagascar*. Bloomington: Indiana University Press.
———. 2007b. "Madagascar: Ethnic Groups." In *The New Encyclopedia of Africa*, vol. 3, edited by John Middleton and Joseph C. Miller, 430–35. Detroit: Gale Cengage Learning.
———. 2013. "Culture as Creative Refusal." *Cambridge Journal of Anthropology* 31 (2): 1–19.
———. 2015. "Radical Alterity Is Just Another Way of Saying 'Reality': A Reply to Eduardo Viveiros de Castro." *HAU: Journal of Ethnographic Theory* 5 (2): 1–41. [デヴィッド・グレーバー／難波美芸訳「根本的他性，あるいは「現実」について」『思想』2020年10月号]
Grandidier, Alfred. 1908. *Ethnographie de Madagascar*. Vol. 4, book 1, of *Histoire physique, naturelle et politique de Madagascar*. Paris: Imprimerie Nationale.
———. 1914. *Ethnographie de Madagascar*. Vol. 4, book 2, of *Histoire physique,*

naturelle et politique de Madagascar. Paris: Imprimerie Nationale.

———. 1917. *Ethnographie de Madagascar*. Vol. 4, book 3, of *Histoire physique, naturelle et politique de Madagascar*. Paris: Imprimerie Nationale.

Grandidier, Alfred, and Guillaume Grandidier. 1907. *Ouvrages ou extraits d'ouvrages anglais, hollandais, portugais, espagnols, suédois et russes, 1718–1800*. Vol. 5 of *Collection des ouvrages anciens concernant Madagascar*. Paris: Union Coloniale, Comité de Madagascar.

Grandidier, Guillaume. 1898. *Histoire de la fondation du royaume Betsimisaraka*. Paris: Augustin Challamel.

Haring, Lee. 1982. *Malagasy tale index*. Helsinki: Academia Scientiarum Fennica.

Hasty, William. 2014. "Metamorphosis Afloat: Pirate Ships, Politics and Process, c.1680–1730." *Mobilities* 9(3): 350–68.

Hill, Christopher. 1986. *People and Ideas in Seventeenth-Century England*. Vol. 3 of *Collected Essays*. Brighton: Harvester Press.［クリストファー・ヒル／小野功生・圓月勝博・箭川修訳『十七世紀イギリスの民衆と思想——クリストファー・ヒル評論集III』法政大学出版局，1998 年］

Hooper, Jane. 2011. "Pirates and Kings: Power on the Shores of Early Modern Madagascar and the Indian Ocean." *Journal of World History* 22(2): 215–42.

Jameson, J. Franklin, ed. 1923［1970］. *Privateering and Piracy in the Colonial Period: Illustrative Documents*. New York: Augustus M. Kelley.

Johnson, Captain Charles. 1724［1972］. *A General History of the Pyrates*. London: Dent.［チャールズ・ジョンソン／朝比奈一郎訳『海賊列伝——歴史を駆け抜けた海の冒険者たち』上下，中公文庫，2012 年］

Julien, Gustave. 1929. "Pages arabico-madécasses." In *Annales de l'Académie des sciences coloniales*, vol. 3, 1–123. Paris: Société d'Éditions Géographiques, Maritimes et Coloniales.

Kay, Carol. 1988. *Political Constructions: Defoe, Richardson, and Sterne in Relation to Hobbes, Hume, and Burke*. Ithaca, NY: Cornell University Press.

Konstam, Angus. 2003. *The Pirate Ship, 1660–1730*. Oxford: Osprey.

Kuhn, Gabriel. 2010. *Life Under the Jolly Roger: Reflections on Golden Age Piracy*. Oakland, CA: PM Press.［ガブリエル・クーン／菰田真介訳『海賊旗を掲げて——黄金期海賊の歴史と遺産』夜光社，2013 年］

Lahady, Pascal. 1979. *Le culte Betsimisaraka et son système symbolique*. Fianarantsoa: Librairie Ambozontany.

Land, Chris. 2007. "Flying the Black Flag: Revolt, Revolution, and the Social Organization of Piracy in the 'Golden Age.'" *Management and Organizational Theory* 2(2): 169–92.

Leeson, P. T. 2009. *The Invisible Hook: The Hidden Economics of Pirates*. Princeton, NJ: Princeton University Press.

Leguével de Lacombe, B. F. 1840. *Voyage à Madagascar et aux Îles Comores (1823 à 1830)*. 2 vols. Paris: Louis Desessart.

Linebaugh, Peter, and Marcus Rediker. 2000. *The Many-Headed Hydra: Sailors, Slaves, Commoners, and the Hidden History of the Revolutionary Atlantic*. Boston: Beacon Press.

Lombard, Jacques. 1976. "Zatovo qui n'a pas été créé par Dieu: Un conte sakalava traduit et commenté." *Asie du Sud-Est et Monde Insulindien* 7: 165–223.

López Lázaro, Fabio. 2010. "Labour Disputes, Ethnic Quarrels and Early Modern Piracy: A Mixed Hispano-Anglo-Dutch Squadron and the Causes of Captain Every's 1694 Mutiny." *International Journal of Maritime History* 22(2): 73–111.

"Madagascar: Hommage à la Réine Betty à Vacoas." *L'Express Maurice*, October 17, 2010. https://www.lexpress.mu/article/madagascar-hommage-%C3%A0-la-r%C3%A9ine-betty-%C3%A0-vacoas.

Mangalaza, Eugène Régis. 1994. *La poule de dieu: Essai d'anthropologie philosophique chez les Betsimisaraka(Madagascar)*. Bordeaux: PUB.

"The Manners and Customs, Superstitions, and Dialect of the Betsimisaraka." 1897. *Antananarivo Annual and Madagascar Magazine* 21: 67–75.

Markoff, John. 1999. "Where and When Was Democracy Invented?" *Comparative Studies in Society and History* 41(4): 660–90.

Mayeur, Nicolas. 1806. "Histoire de Ratsimila-hoe(1695–1750), roi de Foulpointe et des Bé-tsi-miçaracs, rédigé par Barthélémy Huet de Froberville, 1806." British Museum, ADD-MSS 18129.

McDonald, Kevin P. 2015. *Pirates, Merchants, Settlers, and Slaves: Colonial America and the Indo-Atlantic World*. Berkeley: University of California Press.

Molet-Sauvaget, Anne. 1997. "Un Européen, roi 'légitime' de Fort-Dauphin au XVIIIe siècle: Le pirate Abraham Samuel." *Études Océan Indien* 23–24: 211–21.

———. 2000. "La disparition du navire 'Ridderschap van Holland' à Madagascar en février 1694." In *L'extraordinaire et le quotidien: Variations anthropologiques*, edited by Claude Allibert and Narivelo Rajaonarimanana, 479–94. Paris: Karthala.

Mondain, G. 1910. *L'histoire des tribus de l'Imoro au XVIIe siècle d'après un manuscrit arabico-malgache*. Paris: Ernest Leroux.

Mouzard, Thomas. 2011. "Territoire, trajectoire, réseau: Créativité rituelle populaire, identification et État postcolonial (Une triple étude de cas malgache)." PhD diss., École des Hautes Études en Sciences Sociales(EHESS).

Nielssen, Hilde. 2012. *Ritual Imagination: A Study of Tromba Possession Among the Betsimisaraka in Eastern Madagascar*. Leiden: Brill.

Nutting, P. Bradley. 1978. "The Madagascar Connection: Parliament and Piracy, 1690–1701." *American Journal of Legal History* 22(3): 202–15.

Ottino, Paul. 1974. *Madagascar, les Comores et le Sud-Ouest de l'océan Indien*, Antananarivo: Université de Madagascar.

———. 1976. "Le Moyen-Age de l'océan Indien et le peuplement de Madagascar." *Annuaire des pays de l'océan Indien* 1: 197–221.

———. 1981. "La mythologie malgache des hautes terres et le cycle politique des Andriambahoaka." In *Dictionnaire des mythologies et des religions des sociétés traditionnelles et du monde antique*, vol. 2, edited by Yves Bonnefoy, 30–45. Paris: Flammarion.

———. 1983a. "Les Andriambahoaka malgaches et l'héritage indonésien: Mythe et histoire." In *Les souverains de Madagascar: L'histoire royale et ses résurgences contemporaines*, edited by Françoise Raison-Jourde, 71–96. Paris: Karthala.

———. 1983b. "L'ancienne succession dynastique malgache (l'exemple merina)." In *Les souverains de Madagascar: L'histoire royale et ses résurgences contemporaines*, edited by Françoise Raison-Jourde, 223–63. Paris: Karthala.

———. 1986. *L'étrangère intime: Essai d'anthropologie de la civilisation de l'ancien Madagascar*. 2 vols. Paris: Éditions des archives contemporaines.

Pearson, Mike Parker. 1996. "Reassessing 'Robert Drury's Journal' as a Historical Source for Southern Madagascar." *History in Africa* 23: 233–56.

———. 1997. "Close Encounters of the Worst Kind: Malagasy Resistance and Colonial Disasters in Southern Madagascar." *World Archaeology* 28(3): 393–417.

Pennell, C. R. 1998. "Who Needs Pirate Heroes?" *The Northern Mariner/Le marin du nord* 8(2): 61–79.

Pérotin-Dumon, Anne, 1991. "The Pirate and the Emperor: Power and the Law on the Seas, 1450–1850." In *The Political Economy of Merchant Empires*, edited by James D. Tracy, 197–200. Cambridge: Cambridge University Press.

Petit, Michel. 1966. *La plaine littorale de Maroantsetra, étude géographique*. Antananarivo: Bureau pour le développement de la production agricole.

———. 1967. "Les Zafirabay de la baie d'Antongil (formation et histoire d'un clan, conséquences sur la vie rurale actuelle)." *Annales de l'Université de Madagascar* 7: 21–44.

Petit, Michel, and Guy Jacob. 1965. "Un essai de colonisation dans la baie d'Antongil." *Annales de l'Université de Madagascar* 4: 33–56.

Rahatoka, Salomon. 1984. "Pensée religieuse et rituels betsimisaraka." In *Ny raza-*

na tsy mba maty Cultures traditionnelles malgaches, edited by J.-P. Domenichini et al., 31–92. Antananarivo: Éd. Librairie de Madagascar.

Rajaonarimanana, Narivelo. 1990. *Savoirs arabico-malgaches: La tradition manuscrite des devins Antemoro Anakara (Madagascar)*. Paris: Institut National des Langues et Civilisations Orientales.

Randrianja, Solofo, and Stephen Ellis. 2009. *Madagascar: A Short History*. Chicago: University of Chicago Press.

Rantoandro, G. A. 2001. "Hommes et réseaux Malata de la côte orientale de Madagascar à l'époque de Jean René(1773–1826)." *Annuaire des pays de l'océan Indien* 17: 103–21.

Ratsivalaka, Gilbert. 1977. "Éléments de biographie de Nicolas Mayeur." *Omaly sy Anio* 5–6: 79–88.

———. 1995. *Madagascar dans le sud-ouest de l'océan Indien, c. 1500–1824*. Lille: Atelier national de reproduction des thèses.

———. 1999. *Les malgaches et l'abolition de la traite européenne des esclaves, 1810–1817: Histoire de la formation du royaume de Madagascar*. Antananarivo: Imprimerie CNAPMAD.

Ravelonantoandro, Andrianarison. 2010. "Les pouvoirs divinatoires des Antedoany de Fénérive-Est." ENS de philosophie de Toliara.

Ravololomanga, Bodo. 1993. *Être femme et mère à Madagascar (Tanala d'Ifanadiana)*. Paris: L'Harmattan.

Rediker, Marcus. 1987. *Between the Devil and the Deep Blue Sea: Merchant Seamen, Pirates, and the Anglo-American Maritime World, 1700–1750*. Cambridge: Cambridge University Press.

———. 2004. *Villains of All Nations: Atlantic Pirates in the Golden Age*. London: Verso.［マーカス・レディカー／和田光弘ほか訳『海賊たちの黄金時代——アトランティック・ヒストリーの世界』ミネルヴァ書房，2014 年］

Renel, Charles. 1910. *Contes de Madagascar*. Paris: Ernest Leroux.

———. 1915. "Amulettes malgaches, ody et sampy." *Bulletin de l'Académie Malgache* (n.s.)2: 29–281.

———. 1923. *Ancêtres et Dieux*. Antananarivo: G. Pitot de la Beaujardière.

Risso, Patricia. 2001. "Cross-Cultural Perceptions of Piracy: Maritime Violence in the Western Indian Ocean and Persian Gulf During a Long Eighteenth Century." *Journal of World History* 12(2): 297–300.

Rochon, Abbé Alexis-Marie. 1792. *Voyage to Madagascar and the East Indies*. London: G. G. Robinson.

Rogoziński, Jan. 2000. *Honor Among Thieves: Captain Kidd, Henry Every, and the*

Pirate Democracy in the Indian Ocean. Mechanicsburg, PA: Stackpole.
Rombaka, Jacques Philippe. 1970. *Fomban-dRazana Antemoro.* Fianarantsoa: Ambozontany.
Sahlins, Marshall. 1981. "The Stranger-King: Or Dumézil Among the Fijians." *The Journal of Pacific History* 16(3): 107–32.[マーシャル・サーリンズ／山本真鳥訳「外来王，またはフィジーのデュメジル」『歴史の島々』法政大学出版局，1993 年]
———. 2008. "The Stranger-King: Or, Elementary Forms of the Politics of Life." *Indonesia and the Malay World* 36(105): 177–99.
———. 2013. "On the Culture of Material Value and the Cosmography of Riches." *HAU: Journal of Ethnographic Theory* 3(2): 161–95.
Schnepel, Burkhard. 2014. "Piracy in the Indian Ocean(ca. 1680–1750)." Working paper no. 160, Max Planck Institute for Social Anthropology Working Papers, Max Planck Institute, Halle.
Sibree, James. 1880. *The Great African Island.* London: Trübner & Sons.
Snelders, Stephen. 2005. *The Devil's Anarchy.* New York: Autonomedia.
Sylla, Yvette. 1985. "Les Malata: Cohésion et disparité d'un 'groupe.'" *Omaly sy Anio* 21–22: 19–32.
Toto, Chaplain T. 2005. "Quelques aspects des expériences européennes sur la baie d'Antongil—Madagascar du XVIe au XIXe siècle." *Revue Historique de l'Océan Indien* 1: 7–16.
Valette, Jean. 1967. "Note sur une coutume betsimisaraka du XVIIIe siècle: Les vadinebazaha." *Cahiers du Centre d'études des coutumes* 3: 49–55.
Vérin, Pierre. 1986. *The History of Civilisation in North Madagascar.* Rotterdam: A. A. Balkema.
Vérin, Pierre, and Narivelo Rajaonarimanana. 1991. "Divination in Madagascar: The Antemoro Case and the Diffusion of Divination." In *African Divination Systems,* edited by Philip M. Peek. Bloomington: Indiana University Press.
Vig, Lars. 1969. *Charmes: Spécimens de magie malgache.* Oslo: Universitetsforlaget.
Vink, Markus. 2003. "'The World's Oldest Trade': Dutch Slavery and Slave Trade in the Indian Ocean in the Seventeenth Century." *Journal of World History* 14 (2): 131–77.
Wanner, Michal. 2008. "The Madagascar Pirates in the Strategic Plans of Swedish and Russian Diplomacy, 1680–1730." In *Prague Papers on the History of International Relations,* 73–94. Prague: Institute of World History.
Williams, Eric. 1944. *Capitalism and Slavery.* Chapel Hill: University of North

Carolina Press.［エリック・ウィリアムズ／中山毅訳『資本主義と奴隷制』ちくま学芸文庫，2020 年］

Wilson, Peter Lamborn. 1995. *Pirate Utopias: Moorish Corsairs and European Renegadoes.* New York: Autonomedia.［ピーター・ランボーン・ウィルソン／菰田真介訳『海賊ユートピア——背教者と難民の 17 世紀マグリブ海洋世界』以文社，2013 年］

Wilson-Fall, Wendy. 2011. "Women Merchants and Slave Depots: St. Louis, Senegal and St. Mary's, Madagascar." In *Paths of the Atlantic Slave Trade: Interactions, Identities, and Images,* edited by Ana Lucia Araujo, 273–302. Amherst, NY: Cambria Press.

Wright, Henry T. 2006. "Early State Dynamics as Political Experiment." *Journal of Anthropological Research* 62(3): 305–19.

Wright, Henry T., and Fulgence Fanony. 1992. "L'évolution des systèmes d'occupation des sols dans la vallée de la rivière Mananara au nord-est de Madagascar." *Taloha* 11: 47–60.